Remissão da pena

Patrick Modiano
Remissão da pena

tradução de
MARIA DE FÁTIMA OLIVA DO COUTTO

1ª edição

EDITORA RECORD
RIO DE JANEIRO • SÃO PAULO
2015

CIP-BRASIL. CATALOGAÇÃO NA FONTE
SINDICATO NACIONAL DOS EDITORES DE LIVROS, RJ

M697r
Modiano, Patrick, 1945-
Remissão da pena / Patrick Modiano; tradução de Maria de Fátima Oliva do Coutto. – 1. ed. –
Rio de Janeiro: Record, 2015.

Tradução de: Remise de peine
ISBN 978-85-01-10275-1

1. Ficção francesa. I. Coutto, Maria de Fátima Oliva do. II. Título.

14-18065

CDD: 843
CDU: 821.133.1-3

Título original: REMISE DE PEINE

Copyright © Editions du Seuil, 1988

Texto revisado segundo o novo Acordo Ortográfico da Língua Portuguesa.

Todos os direitos reservados. Proibida a reprodução, no todo ou em parte, através de quaisquer meios. Os direitos morais do autor foram assegurados.

Direitos exclusivos de publicação em língua portuguesa somente para o Brasil adquiridos pela
EDITORA RECORD LTDA.
Rua Argentina, 171 – Rio de Janeiro, RJ – 20921-380 – Tel.: 2585-2000, que se reserva a propriedade literária desta tradução.

Impresso no Brasil

ISBN 978-85-01-10275-1

Seja um leitor preferencial Record.
Cadastre-se e receba informações sobre nossos lançamentos e nossas promoções.

EDITORA AFILIADA

Atendimento e venda direta ao leitor:
mdireto@record.com.br ou (21) 2585-2002.

Para Dominique

"Rara é a família que remonta a quatro gerações e consegue reivindicar o direito a algum título, castelo ou propriedade; direitos que não poderiam ser provados em nenhum tribunal, mas que satisfazem à fantasia e abreviam as horas de ócio.

"A reivindicação de um homem ao próprio passado é ainda menos legítima."

R. L. Stevenson,
A Chapter on Dreams.

Era uma época em que as turnês de teatro não percorriam apenas a França, a Suíça e a Bélgica mas também o norte da África. Eu tinha dez anos. Minha mãe viajara em turnê com uma peça e morávamos, meu irmão e eu, na casa de umas amigas dela, em um vilarejo nas cercanias de Paris.

Uma casa de dois andares coberta de hera. Uma dessas janelas que se projetam da fachada, que os ingleses chamam de *bow-windows*, prolongava a sala de estar. Atrás da casa, um jardim suspenso. Nos fundos do primeiro nível do jardim, escondido sob as clematites, o túmulo do doutor Guillotin. Teria ele morado nessa casa? E teria aperfeiçoado ali sua máquina de cortar cabeças? Bem no alto do jardim, duas macieiras e uma pereira.

Na sala de estar, as pequenas placas esmaltadas, penduradas por correntinhas prateadas às garrafas de licor, exibiam nomes:

Izarra, Sherry, Curaçao. A madressilva invadia a borda do poço no meio do quintal que precedia o jardim. O telefone ficava em cima de um gueridom, pertinho de uma das janelas da sala de estar.

Uma grade protegia a fachada da casa, ligeiramente recuada da rue du Docteur-Dordaine. Um dia, pintaram a grade de novo após cobri-la de zarcão. Seria mesmo zarcão aquele revestimento cor de laranja ainda vívido em minha memória? A rue du Docteur-Dordaine tinha uma aparência provinciana, sobretudo no fim dela: um convento de freiras, depois uma granja, onde íamos buscar leite, e, mais além, o castelo. Ao descer a rua, na calçada à direita, passava-se diante do correio; na mesma altura, do lado esquerdo, viam-se, atrás de uma grade, as estufas do florista, cujo filho se sentava a meu lado na sala de aula. Um pouco mais afastado, na mesma calçada do correio, o muro da escola Jeanne-d'Arc, escondido sob as folhagens dos plátanos.

Diante da casa, uma avenida em aclive. Ladeada à direita pelo templo protestante e por um bosque onde encontramos no meio do mato o capacete de um soldado alemão, e, à esquerda, por uma residência comprida e branca com um frontão, um grande jardim e um salgueiro-chorão. Mais abaixo, adjacente a esse jardim, a estalagem Robin des Bois.

No fim da ladeira, perpendicular a ela, a estrada. À direita, a praça da estação de trem, sempre deserta, onde aprendemos a andar de bicicleta. Na outra direção, ladeava-se o jardim público. Na calçada à esquerda, uma construção com uma galeria de concreto onde se sucediam a banca de jornal, o cinema e a farmácia. O filho do farmacêutico era um de meus colegas de turma, e certa noite o pai dele se matou pendurando-se em uma corda presa no terraço da galeria. Parece que as pessoas se enforcam no verão. Nas outras estações, preferem se matar afogando-se nos rios. Foi o prefeito do vilarejo quem o disse ao jornaleiro.

Em seguida, um terreno deserto onde às sextas acontecia a feira. De vez em quando, ali era erguida a lona de um circo itinerante e as barracas de um parque de diversões.

Chegava-se diante da prefeitura e da passagem de nível. Depois dessa travessia, seguia-se pela rua principal do vilarejo, que subia até a praça da igreja e o monumento aos mortos. Em uma missa de Natal, fomos, meu irmão e eu, meninos do coro nessa igreja.

Havia apenas mulheres na casa onde nós dois morávamos.

A pequena Hélène era uma morena de uns quarenta anos, testa larga e maçãs do rosto salientes. Sua baixa estatura a aproximava de nós. Ela mancava ligeiramente por causa de um acidente de trabalho. Tinha sido amazona e depois acrobata, o que lhe conferia prestígio a nossos olhos. O circo — que descobrimos, meu irmão e eu, em uma tarde em Medrano — era um mundo ao qual queríamos pertencer. Ela nos contou que não exercia a profissão havia muito tempo e nos mostrou um álbum no qual tinha colado suas fotos em trajes de amazona e de acrobata e páginas dos programas das casas de espetáculos que mencionavam seu nome: Hélène Toch. Com frequência, eu lhe pedia o álbum emprestado para folheá-lo na cama antes de dormir.

Formavam um trio curioso, ela, Annie e a mãe de Annie, Mathilde F. Annie era uma loura de cabelos curtos, nariz reto, olhos claros, rosto doce e delicado. Mas algo de rude em sua postura contrastava com a doçura do rosto, talvez por causa da velha jaqueta de couro marrom — uma jaqueta masculina — que usava com calças pretas muito justas durante o dia. À noite, frequentemente usava um vestido azul-claro com a cintura apertada por um cinto preto largo, e eu a preferia assim.

A mãe de Annie não se parecia com a filha. Seria realmente sua mãe? Annie a chamava de Mathilde. Cabelos grisalhos em um coque. Rosto rígido. Sempre vestia roupas escuras. Ela me dava medo. Embora me parecesse velha, não o era: Annie tinha vinte e seis anos na época, e a mãe, uns cinquenta. Lembro-me dos camafeus que prendia à blusa. Tinha um sotaque do sul que mais tarde encontrei nos nativos de Nîmes. Quanto a Annie, não tinha esse sotaque, e sim, como meu irmão e eu, o de Paris.

Toda vez que Mathilde se dirigia a mim, ela me chamava de "imbecil afortunado". Certa manhã, quando eu descia de meu quarto para tomar o café da manhã, ela me disse, como sempre:

— Bom dia, imbecil afortunado.

Eu lhe respondi:

— Bom dia, senhora.

E, após todos esses anos, ainda escuto sua resposta em uma voz seca e com o sotaque de Nîmes:

— Senhora?... Pode me chamar de Mathilde, imbecil afortunado...

A pequena Hélène, por trás de sua gentileza, devia ser uma mulher com nervos de aço.

Eu soube mais tarde que ela havia conhecido Annie quando esta tinha dezenove anos. Exercia tal influência sobre Annie e sua mãe, Mathilde F., que as duas partiram com ela e abandonaram o senhor F.

Certo dia, com certeza, o circo onde a pequena Hélène trabalhava parou em uma cidadezinha do interior onde viviam Annie e sua mãe. Annie estava sentada perto da orquestra, e as trombetas anunciaram a chegada da pequena Hélène montada em um cavalo preto com arreios prateados. Ou, então, eu a imagino lá no alto, no trapézio, preparando-se para um arriscado salto triplo.

    E Annie a encontra, depois do espetáculo, no trailer que a pequena Hélène divide com a contorcionista.

Uma amiga de Annie F. ia com frequência a casa. Chamava-se Frede. Hoje, a meus olhos de adulto, ela é apenas uma mulher que possuía, nos anos cinquenta, uma casa noturna na rue Ponthieu. Naquela época, parecia ter a mesma idade de Annie, porém era um pouco mais velha, com seus trinta e cinco anos. Morena, cabelos curtos, corpo esbelto e tez pálida. Usava paletós masculinos, mais justos na cintura, que eu acreditava serem de amazona.

Outro dia, em um sebo, eu folheava uma edição antiga de *La Semaine à Paris*, datada de julho de 1939, em que constavam as programações de cinemas, teatros, casas de espetáculos e cabarés. Fiquei surpreso ao deparar com uma minúscula foto de Frede: aos vinte anos, já era mestre de cerimônias de uma casa noturna. Comprei essa programação, um pouco como quem coleta uma evidência, uma prova tangível de que não havia sonhado.

Nela estava escrito:

La Silhouette
58, rue Notre-Dame-de-Lorette
Montmartre. TRI 64-72.
FREDE apresenta das 22h ao amanhecer
seu espetáculo de cabaré feminino
Recém-chegado da Suíça
da famosa orquestra   DON MARYO
O guitarrista Isidore Langlois
Betty and The Nice Boys.

E reencontro, fugidia, a imagem que tínhamos de Frede, meu irmão e eu, quando ao voltar da escola a avistávamos no jardim da casa: uma mulher pertencente ao mundo do circo como a pequena Hélène, e que esse mundo era envolto em mistérios. Para nós não havia a menor dúvida de que Frede comandava um circo em Paris, menor que o Medrano, um circo sob uma lona branca listrada de vermelho chamado "Carroll's". Esse nome saía muitas vezes da boca de Annie e de Frede: Carroll's — a casa noturna na rue de Ponthieu —, porém eu via a lona branca e vermelha e os animais do circo. Frede, com sua silhueta delgada e seus paletós acinturados, era a domadora.

De vez em quando, às quintas, ela trazia o sobrinho a casa, um menino de nossa idade. E passávamos a tarde juntos brincando os três. Ele sabia bem mais que nós sobre o Carroll's. Lembro-me de uma frase enigmática que nos disse e que ainda ressoa em meus ouvidos:

— Annie chorou a noite toda no Carroll's...

Talvez ele tivesse ouvido essa frase da boca da tia sem a compreender. Quando ela não o trazia, íamos buscá-lo, meu irmão e eu, às quintas, no início da tarde, na estação de trem. Jamais o chamávamos pelo nome, que ignorávamos. Nós o chamávamos de "o sobrinho de Frede".

Elas contrataram uma moça para me buscar na escola e tomar conta de nós. Ela morava na casa, no quarto vizinho ao nosso. Prendia seus cabelos negros em um coque muito severo, e seus olhos eram de um verde tão claro que lhe conferia um olhar transparente. Quase não falava. Seu silêncio e seus olhos transparentes nos intimidavam, a meu irmão e a mim. Para nós, a pequena Hélène, Frede e até Annie pertenciam ao mundo do circo, mas essa jovem silenciosa de coque negro e olhos claros era uma personagem de conto de fadas. Nós a chamávamos de Branca de Neve.

Guardo a lembrança dos jantares em que nos reuníamos todos no aposento que servia de sala de jantar, separado da sala de estar pelo corredor da entrada. Branca de Neve se sentava à cabeceira da mesa, meu irmão a sua direita, e eu a sua esquerda. Annie ficava a meu lado, a pequena Hélène na frente, e Mathilde na outra cabeceira. Certa noite, por causa de uma pane elétrica, o aposento foi iluminado por uma lamparina a óleo instalada sobre a lareira e que deixava áreas de penumbra a nosso redor.

As outras, como nós, chamavam-na de Branca de Neve e, vez por outra, de "minha querida". Elas a tratavam sem cerimônia. E logo uma intimidade se estabeleceu entre elas, posto que Branca de Neve as tratava da mesma forma.

Suponho que tivessem alugado a casa. A menos que a pequena Hélène fosse a proprietária, uma vez que era bastante popular entre os comerciantes do vilarejo. Talvez a casa pertencesse a Frede. Lembro-me de que Frede recebia muitas correspondências na rue du Docteur-Dordaine. Toda manhã, antes da escola, era eu quem pegava as cartas na caixa de correio.

Annie ia quase todos os dias a Paris, em seu Renault 4cv bege. Ela voltava muito tarde e, de vez em quando, ausentava-se até o dia seguinte. Com frequência, a pequena Hélène a acompanhava. Mathilde não saía da casa. Ela fazia as compras. Comprava uma revista chamada *Noir et Blanc*, cujos exemplares se espalhavam pela sala de jantar. Eu os folheava nas tardes de quinta, quando chovia e escutávamos um programa infantil no rádio. Mathilde arrancava a *Noir et Blanc* de minhas mãos.

— Largue isso, imbecil afortunado! Você não tem idade para isso...

Branca de Neve me esperava na saída da escola com meu irmão, ainda jovem demais para começar a estudar. Annie havia me matriculado na escola Jeanne-d'Arc, no fim da rue du Docteur-Dordaine. A diretora lhe perguntou se era minha mãe e ela respondeu: sim.

Estávamos os dois sentados diante da mesa da diretora. Annie usava sua velha jaqueta de couro e uma calça de tecido azul desbotado que uma amiga que às vezes ia a casa — Zina Rachewsky — havia trazido da América: um blue jeans. Viam-se poucos na França naquela época. A diretora nos avaliava com olhar desconfiado.

— Seu filho precisa usar um jaleco cinza para frequentar a escola — avisou ela. — Como todos os outros coleguinhas.

No caminho de volta, ao longo da rue du Docteur-Dordaine, Annie caminhava a meu lado e tinha colocado a mão em meu ombro.

— Eu disse que era sua mãe porque seria complicado demais explicar. Patoche, você se importa?

Quanto a mim, eu estava curioso pelo jaleco cinza que devia usar, como todos os meus outros coleguinhas.

Não permaneci muito tempo no instituto Jeanne-d'Arc. O chão do pátio era preto por causa da escória. E esse preto se harmonizava bem com a casca e as folhagens dos plátanos.

Certa manhã, durante o recreio, a diretora se aproximou de mim e disse:

— Gostaria de falar com sua mãe. Peça a ela que venha hoje à tarde, no início do turno.

Como sempre, ela falava comigo com um tom seco. A diretora não gostava de mim. O que eu tinha feito?

Na saída da escola, Branca de Neve e meu irmão me aguardavam.

— Que cara esquisita! — comentou Branca de Neve. — Algum problema?

Perguntei-lhe se Annie estava em casa. Eu só tinha um medo: de que ela não tivesse voltado de Paris durante a noite.

Por sorte havia retornando, mas muito tarde. Ainda dormia no quarto no fim do corredor, cujas janelas se abriam para o jardim.

— Vá acordá-la — disse a pequena Hélène, a quem eu tinha explicado que a diretora da escola queria falar com minha mãe.

Bati à porta de seu quarto. Ela não respondeu. A frase misteriosa do sobrinho de Frede voltou a minha memória: "Annie chorou a noite toda no Carroll's." Sim, ela ainda dormia ao meio-dia porque tinha chorado a noite toda no Carroll's.

Girei a maçaneta e empurrei a porta bem devagar. O quarto estava claro. Annie não tinha fechado as cortinas. Estava estirada na beira da grande cama e poderia cair a qualquer momento. Por que ela não se deitava no meio da cama? Dormia, os braços encolhidos, como se sentisse frio, apesar de estar toda vestida. Não havia tirado sequer os sapatos e usava sua velha jaqueta de couro. Sacudi de leve seu ombro. Ela abriu os olhos e me fitou franzindo o cenho.

— Ah... é você, Patoche...

Ela andava de um lado para o outro sob os plátanos do pátio com a diretora do instituto Jeanne-d'Arc. A diretora tinha mandado que eu as aguardasse ali enquanto conversavam. Meus colegas voltaram para a sala de aula ao soar da campainha das cinco para as duas, e eu os observava lá longe, por trás das vidraças, sentados em suas carteiras, sem mim. Tentava escutar o que as duas diziam, mas não ousava me aproximar. Annie vestia sua velha jaqueta de couro por cima de uma camisa masculina.

E depois ela se afastou da diretora e caminhou em minha direção. Saímos os dois pela pequenina porta no muro que dava na rue du Docteur-Dordaine.

— Coitadinho do meu Patoche... Expulsaram você...

Senti vontade de chorar, mas, ao erguer o rosto para ela, vi que sorria. E isso me tranquilizou.

— Você é um mau aluno... como eu...

Sim, fiquei aliviado porque ela não me repreendeu, mas um pouco surpreso, de qualquer forma, que esse acontecimento, a meus olhos grave, fizesse com que Annie sorrisse.

— Patoche, meu amigo, não se preocupe... Matriculamos você em outra escola...

Não creio ter sido pior que nenhum dos outros alunos. Sem dúvida, a diretora do instituto Jeanne-d'Arc havia se informado sobre minha família. Devia ter percebido que Annie não era minha mãe. Annie, a pequena Hélène, Mathilde e mesmo Branca de Neve: que família esquisita... Ela ficara com medo de que eu fosse um mau exemplo para meus colegas de turma. De que poderiam nos censurar? Primeiro, pela mentira de Annie. Talvez de repente isso tivesse chamado a atenção da diretora: Annie parecia mais jovem do que era, e teria sido melhor dizer que era minha irmã mais velha... E depois sua jaqueta de couro e, sobretudo, aquele jeans desbotado, tão raro na época... Nada pelo que censurar Mathilde. Uma senhora como as outras, com suas roupas escuras, sua blusa, seu camafeu e seu sotaque de Nîmes... Por outro lado, de vez em quando a pequena Hélène se vestia de um jeito esquisito quando nos levava à missa ou às lojas do vilarejo: calça de montaria com botas, blusas de mangas bufantes e apertadas nos punhos, *fuseau* de esqui preto e até bolero incrustado de madrepérolas... Era fácil adivinhar qual havia sido sua antiga profissão. E, no entanto, o jornaleiro e o confeiteiro pareciam gostar bastante dela e sempre lhe diziam com muita educação:

— Bom dia, senhorita Toch... Até logo, senhorita Toch... E para a senhorita Toch, o que vai ser?

E pelo que podiam censurar Branca de Neve? Seu silêncio, seu coque negro e seus olhos transparentes inspiravam respeito. A diretora do instituto Jeanne-d'Arc certamente se perguntava por que aquela moça vinha me buscar na saída da escola e não minha mãe; e por que eu não voltava sozinho para casa, como meus outros coleguinhas. Ela devia pensar que éramos ricos.

Quem sabe? Bastara à diretora botar os olhos em Annie para desconfiar de nós. Eu mesmo tinha entreouvido, certa noite, alguns fragmentos de conversa entre a pequena Hélène e Mathilde. Annie ainda não tinha voltado em seu 4CV de Paris e Mathilde parecia inquieta.

— Ela é capaz de tudo — tinha dito Mathilde com ar pensativo. — Linou, sabe muito bem que ela é cabeça quente.

— Ela não pode fazer nada grave — respondera a pequena Hélène.

Mathilde havia permanecido em silêncio um instante e dissera:

— Veja bem, Linou, suas companhias são bem estranhas...

O rosto da pequena Hélène havia endurecido.

— Companhias estranhas? O que você quer dizer com isso, Thilda?

Falou com uma voz seca que eu não conhecia.

— Não fique zangada, Linou — havia falado Mathilde com um ar temeroso e dócil.

Não era mais a mesma mulher que me tratava de "imbecil afortunado".

A partir daquele dia, achei que Annie, durante suas ausências, não dedicava seu tempo apenas a chorar a noite toda no Carroll's. Talvez fizesse algo grave. Mais tarde, quando perguntei o que tinha acontecido, responderam-me: "Uma coisa muito grave"; e foi como o eco de uma frase já escutada. Mas naquela noite a expressão "cabeça quente" me inquietava. Por mais que eu analisasse o rosto de Annie, nele só encontrava doçura. Por trás daqueles olhos límpidos e daquele sorriso havia então alguém com uma cabeça quente?

Eu agora era aluno da escola pública do vilarejo, um pouco mais afastada que o instituto Jeanne-d'Arc. Era preciso seguir a rue du Docteur-Dordaine até o fim e atravessar a estrada que ia em direção à prefeitura e à passagem de nível. Um portão de ferro de duas folhas se abria para o pátio.

Lá também usávamos jalecos cinza, mas o pátio não era recoberto de escória. Havia unicamente terra. O professor gostava de mim e pedia, toda manhã, que eu lesse um poema na sala de aula. Um dia, na ausência de Branca de Neve, a pequena Hélène fora me buscar. Usava calça de montaria, botas e a jaqueta que eu chamava de "a jaqueta de caubói". Ela havia apertado a mão do professor e lhe dissera ser minha tia.

— Seu sobrinho lê poemas muito bem — comentara o professor.

Eu lia sempre o mesmo, o que nós, meu irmão e eu, sabíamos de cor:
Ó quantos marinheiros, quantos capitães...

Fiz bons amigos naquela turma: o filho do florista da rue du Docteur-Dordaine, o filho do farmacêutico, e me lembro da manhã em que soubemos que seu pai havia se enforcado... O filho do padeiro do povoado de Mets, cuja irmã tinha minha idade e cabelos louros e cacheados que desciam até os tornozelos.

Muitas vezes Branca de Neve não vinha me buscar; ela sabia que eu voltaria com o filho do florista, cuja casa era vizinha à nossa. Na saída da escola, nos fins de tarde quando não tínhamos dever de casa, íamos em bando ao outro extremo do vilarejo, para além do castelo e da estação, até o grande moinho de água, às margens do Bièvre. Embora ainda funcionasse, parecia decrépito e abandonado. Às quintas, quando o sobrinho de Frede não estava lá, eu levava meu irmão. Era uma aventura que precisávamos manter em segredo. Esgueirávamo-nos pela brecha no muro e sentávamos no chão, lado a lado. A grande roda girava. Ouvíamos um zumbido de motor e um estrondo de cascata. Fazia frio e sentíamos o aroma de grama molhada e água. Essa grande roda que reluzia sob o lusco-fusco nos assustava um pouco, mas éramos incapazes de resistir a observá-la girar, sentados lado a lado, os braços cruzados sobre os joelhos.

Meu pai nos visitava entre duas viagens a Brazzaville. Ele não dirigia, e, como era preciso que alguém o trouxesse de carro de Paris ao vilarejo, seus amigos se revezavam para escoltá-lo: Annet Badel, Sacha Gordine, Robert Fly, Jacques Boudot-Lamotte, Georges Giorgini, Geza Pellmont, o gordo Lucien P., que se sentava em uma poltrona da sala de estar e toda vez temíamos que o móvel fosse desabar ou rasgar sob seu peso; Stioppa de D., que usava monóculo e peliça, e cujos cabelos, de tão besuntados de brilhantina, deixavam manchas nos sofás e nas paredes onde apoiava a nuca.

Essas visitas ocorriam às quintas, e meu pai nos convidava a almoçar na estalagem Robin des Bois. Annie e a pequena Hélène não estavam presentes. Mathilde ficava em casa. Só Branca de Neve nos acompanhava no almoço. E, de vez em quando, o sobrinho de Frede.

Meu pai frequentara a estalagem Robin des Bois muito tempo atrás. Ele comentava sobre isso, durante um de nossos almoços, com seu amigo Geza Pellmont, e eu escutava a conversa.

— Você se lembra?... — tinha perguntado Pellmont. — Vínhamos aqui com Eliot Salter...

— O castelo está em ruínas — havia comentado meu pai.

O castelo ficava no fim da rue du Docteur-Dordaine, do lado oposto ao instituto Jeanne-d'Arc. Sobre a grade entreaberta estava fixada uma placa de madeira meio podre na qual ainda era possível ler: "Propriedade requisitada pelo Exército americano para o general de brigada Franck Allen." Às quintas, esgueirávamo-nos entre as duas folhas da grade. Na pradaria, a grama alta chegava até quase a cintura. Ao fundo, erguia-se um castelo estilo Luís XIII, cuja fachada era flanqueada por dois pavilhões proeminentes. Eu soube mais tarde, contudo, que ele havia sido construído no fim do século XIX. Saltávamos pipa na pradaria, uma pipa de tela vermelha e azul em formato de avião. Era muito difícil fazê-la ganhar altitude. Lá longe, à direita do castelo, uma colina coberta de pinheiros, com um banco de pedra no qual Branca de Neve se sentava... Ela lia *Noir et Blanc* ou então tricotava, enquanto nós subíamos nos galhos dos pinheiros. Mas sentíamos vertigem, meu irmão e eu, e apenas o sobrinho de Frede alcançava a copa das árvores.

Por volta do meio da tarde, seguíamos a trilha que partia da colina e adentrávamos, na companhia de Branca de Neve, a floresta. Caminhávamos até o povoado de Mets. No outono, colhíamos castanhas. O padeiro de Mets era pai de meu colega de turma, e toda vez que entrávamos em sua loja, a irmã de meu amigo estava lá, e eu admirava seus cabelos louros cacheados que desciam até os tornozelos. E depois voltávamos pelo mesmo caminho. No crepúsculo, a fachada e os dois pavilhões proeminentes do castelo adquiriam um aspecto sombrio e isso nos deixava, a meu irmão e a mim, com o coração palpitando.

— Vamos ver o castelo?

De agora em diante, era a frase que meu pai sempre pronunciava ao fim do almoço. E, como nas outras quintas, seguíamos a rue du Docteur-Dordaine e nos esgueirávamos pelo portão entreaberto na pradaria. Porém, nesses dias, meu pai e um de seus amigos — Badel, Gordine, Stioppa ou Robert Fly — acompanhavam-nos.

Branca de Neve ia se sentar no banco, ao pé dos pinheiros, no lugar de sempre. Meu pai se aproximava do castelo e contemplava a fachada e as altas janelas tapadas. Empurrava a porta principal e nós adentrávamos um saguão cujo piso desaparecia sob os entulhos e as folhas mortas. No fundo do saguão, a cabine de um elevador.

— É, eu conheci o proprietário desse castelo — dizia meu pai.

Ele percebia que estávamos interessados, meu irmão e eu. Então, contava-nos a história de Eliot Salter, marquês de Caussade, que aos vinte anos, durante a Primeira Guerra, havia sido um herói da aviação. Depois, tinha desposado uma argentina e se tornado o rei do armanhaque. O armanhaque — explicava meu pai — é uma bebida alcoólica que Salter, marquês de Caussade, fabricava e depois vendia caminhões lotados da bebida em garrafas muito bonitas. Eu o ajudava a descarregar todos os caminhões — dizia meu pai. Contávamos as caixas à medida que as descarregávamos. Ele tinha comprado esse castelo. Havia desaparecido no fim da guerra com a mulher, mas não tinha morrido e um dia retornaria.

Meu pai arrancara com cuidado um pequeno aviso afixado atrás da porta principal. E o tinha oferecido a mim. Ainda hoje posso recitar, sem a menor hesitação, seu texto:

> Confisco de ganhos ilícitos
> terça-feira, 23 de julho às 14h.
> Desapropriada no povoado de Mets.
> Magnífica propriedade
> compreendendo castelo e 300 hectares
> de florestas.

— Vigiem bem o castelo, crianças — avisava meu pai. — O marquês vai voltar quando menos esperam...

E, antes de entrar no carro do amigo que lhe servia de motorista naquele dia, ele nos saudava com a mão distraída, que ainda víamos acenar vagamente através do vidro enquanto o carro seguia em direção a Paris.

Havíamos decidido, meu irmão e eu, visitar o castelo à noite. Seria preciso esperar todo mundo dormir. O quarto de Mathilde ocupava o térreo de um minúsculo pavilhão nos fundos do quintal: nenhum perigo de sermos surpreendidos por ela. O quarto da pequena Hélène ficava no primeiro andar, na outra extremidade do corredor, e o de Branca de Neve, ao lado do nosso. O assoalho do corredor rangia um pouco, porém, uma vez na base da escada, não tínhamos mais nada a temer e o caminho estaria livre. Escolheríamos uma noite em que Annie não estivesse em casa — pois ela dormia muito tarde —, uma noite em que ela estivesse chorando no Carroll's.

Tínhamos pegado a lanterna no armário embutido da cozinha, uma lanterna de metal prateada que projetava uma luz amarela. E nos vestimos. Mantínhamos o paletó do pijama por baixo do suéter. Para permanecermos acordados, falávamos sobre Eliot Salter, marquês de Caussade. Perdíamo-nos, por turnos, nas mais diversas conjecturas a respeito dele. Segundo meu irmão, nas noites em que o marquês ia ao castelo, ele chegava à estação do vilarejo no último trem de Paris, o das onze e meia, do qual podíamos ouvir o ronco cadenciado da janela de nosso quarto. Ele não chamava atenção para si e evitava estacionar o carro diante das grades do castelo, o que levantaria suspeitas. Era a pé, como um simples pedestre, que se dirigia a sua propriedade para passar uma noite.

Compartilhávamos os dois a mesma convicção: nessas noites, Eliot Salter, marquês de Caussade, permanecia no saguão do castelo. Antes de sua chegada, alguém removia as folhas mortas e o entulho e depois os colocava de volta para não deixar nenhum vestígio de sua passagem. E quem preparava a visita de seu patrão assim era o guarda-florestal de Mets. Ele morava na floresta, entre o povoado e as margens do aeródromo de Villacoublay. Nós o encontrávamos com frequência durante nossos passeios com Branca de Neve. Havíamos perguntado ao filho do padeiro o nome desse fiel criado que escondia tão bem seu segredo: Grosclaude.

Não por acaso, Grosclaude morava lá. Tínhamos descoberto, naquela área da floresta que ladeava o aeródromo, uma pista de pouso desativada e um grande hangar. O marquês utilizava aquela pista à noite e partia de avião rumo a um destino longínquo — uma ilha dos mares do sul. Passado algum tempo, voltava. E, nessas noites, Grosclaude instalava na pista pequenos sinais luminosos para o marquês poder aterrissar sem dificuldade.

O marquês estava sentado em uma poltrona de veludo verde diante da maciça lareira que Grosclaude havia acendido. Atrás dele, uma mesa arrumada: candelabros de prata, rendas e cristal. Entrávamos no saguão, meu irmão e eu. Apenas o fogo da lareira e as chamas das velas o iluminavam. Grosclaude era o primeiro a nos ver. Caminhava em nossa direção com suas botas e sua calça de montaria.

— O que vocês estão fazendo aqui?

Sua voz era ameaçadora. Ele daria duas bofetadas em cada um e nos colocaria para fora. Ao entrar no saguão seria melhor avançar, o mais rápido possível, em direção ao marquês de Caussade e lhe falar. E queríamos preparar antecipadamente o que lhe diríamos.

— Viemos aqui porque meu pai é amigo do senhor.

Eu diria essa primeira frase. Em seguida, um de cada vez falaria:

— Boa noite, senhor marquês.

E eu acrescentaria:

— Sabemos que o senhor é o rei do armanhaque.

Contudo, um detalhe me causava grande apreensão: o instante em que o marquês Eliot Salter de Caussade virasse o rosto para nós. Meu pai nos tinha contado que, durante um combate aéreo na Primeira Guerra, ele havia queimado o rosto e disfarçava essa queimadura cobrindo a pele com uma maquiagem de cor ocre. No saguão, sob a claridade das velas e do fogo na lareira, esse rosto devia ter uma aparência inquietante.

Mas, por fim, eu veria o que tentava encontrar por trás do sorriso e dos olhos claros de Annie: uma cabeça quente.

Havíamos descido a escadaria na ponta dos pés com os sapatos na mão. O relógio da cozinha marcava onze e vinte e cinco. Tínhamos fechado devagarinho a porta da casa e a portinha gradeada que dava para a rue du Docteur-Dordaine. Sentados na beira da calçada, amarrávamos nossos sapatos. O ronco do trem se aproximava. Ele entraria na estação em poucos minutos e deixaria apenas um único passageiro na plataforma: Eliot Salter, marquês de Caussade e rei do armanhaque.

Escolhíamos noites em que o céu estivesse claro e em que as estrelas e uma lua no quarto crescente brilhassem. Com os sapatos amarrados e a lanterna escondida entre meu suéter e o paletó do pijama, em seguida devíamos caminhar até o castelo. A rua deserta sob o luar, o silêncio e os sentimentos que nos invadiam por ter deixado para sempre a casa nos faziam diminuir pouco a pouco o passo. Ao fim de uns cinquenta metros, voltávamos. Então desamarrávamos nossos sapatos e fechávamos a porta da entrada da casa. O relógio da cozinha marcava vinte para a meia-noite. Eu guardava a lanterna no armário embutido e subíamos a escada na ponta dos pés.

Enroscados em nossas camas de solteiro bem próximas, experimentávamos certo alívio. Falávamos em voz baixa sobre o marquês e cada um de nós descobria um novo detalhe. Passava de meia-noite e lá longe, no saguão, Grosclaude lhe servia a ceia. Da próxima vez, antes de dar meia-volta, iríamos mais longe na rue du Docteur-Dordaine que essa noite. Iríamos até o convento de freiras. E, da próxima vez, ainda mais longe, até a granja e a barbearia. E, da próxima vez, mais longe ainda. Toda noite, uma nova etapa. Faltariam apenas algumas dezenas de metros a atravessar e chegaríamos diante da grade do castelo. Da próxima vez... Acabávamos adormecendo.

Bem rápido eu havia percebido que Annie e a pequena Hélène recebiam em casa pessoas tão misteriosas e dignas de nota quanto Eliot Salter, marquês de Caussade.

Seria Annie quem mantinha laços de amizade com elas? Ou a pequena Hélène? Tanto uma quanto a outra, acho. Quanto a Mathilde, ela guardava uma espécie de reserva na presença delas e com frequência se retirava para o quarto Talvez aquelas pessoas a intimidassem ou não sentisse nenhuma simpatia por elas.

Tento hoje relacionar todos os rostos que vi sob o alpendre e na sala de estar — sem poder identificar a maioria. Que pena. Se eu pudesse dar um nome a essa dezena de rostos desfilando em minha memória, incomodaria algumas pessoas ainda vivas hoje. Elas se lembrariam de que andavam em má companhia.

Aquelas cujas imagens permanecem mais nítidas são Roger Vincent, Jean D. e Andrée

K., que diziam ser "a mulher de um doutor famoso". Vinham a nossa casa duas ou três vezes por semana. Iam almoçar na estalagem Robin des Bois com Annie e a pequena Hélène e, após o almoço, ainda permaneciam um tempo na sala de estar. Ou então jantavam na casa.

De vez em quando, Jean D. vinha sozinho. Annie o havia trazido de Paris em seu 4CV. Ele aparentava ser o amigo mais próximo de Annie e, sem dúvida, lhe apresentara os outros dois. Jean D. e Annie tinham a mesma idade. Quando Jean D. nos visitava, acompanhado de Roger Vincent, vinha sempre no carro americano conversível de Roger Vincent. Andrée K. os acompanhava vez por outra, sentada no banco dianteiro do carro americano, ao lado de Roger Vincent; Jean D., no banco traseiro. Roger Vincent devia ter uns quarenta e cinco anos na época, e Andrée K., trinta e cinco.

Lembro-me da primeira vez que vimos o carro americano de Roger Vincent estacionado em frente à casa. No finzinho da manhã, depois da escola. Eu ainda não tinha sido expulso do instituto Jeanne-d'Arc. De longe, aquele enorme carro conversível, cuja carroceria bege e bancos de couro vermelho brilhavam ao sol, surpreendeu-nos tanto, a meu irmão e a mim, quanto se nos víssemos na presença do marquês de Caussade ao dobrar a esquina de uma rua. Aliás, pensamos a mesma coisa naquele instante, como confessamos mais tarde: aquele carro era do marquês de Caussade, de volta ao vilarejo após todas as suas aventuras e a quem meu pai havia pedido que nos visitasse.

Perguntei a Branca de Neve:

— De quem é esse carro?

— De um amigo de sua madrinha.

Ela sempre chamava Annie de "sua madrinha", o que era verdade, pois havíamos sido batizados um ano antes na igreja Saint-Martin de Biarritz e minha mãe tinha incumbido Annie de ser minha madrinha.

Quando entramos em casa, a porta da sala estava aberta e Roger Vincent se encontrava sentado no sofá diante da *bow-window*.

— Venham cumprimentar a visita — disse a pequena Hélène.

Ela acabava de encher três copos e fechava a tampa de uma das garrafas de licor com placa esmaltada. Annie falava ao telefone.

Roger Vincent se levantou. Ele me pareceu muito grande. Usava um terno príncipe de Gales. Seus cabelos eram brancos, bem-penteados e puxados para trás, mas não parecia velho. Debruçou-se sobre nós. Ele nos sorria.

— Bom dia, crianças...

Cumprimentou-nos com um aperto de mão. Eu tinha largado a pasta para apertar a mão dele. Usava meu jaleco cinza.

— Está chegando da escola?

Respondi.

— Sim.

— Tudo bem na escola?

— Sim.

Annie desligou o telefone e se aproximou com a pequena Hélène, que colocou a bandeja de licores na mesinha diante do sofá. Ela estendeu um copo a Roger Vincent.

— Patoche e o irmão moram aqui — explicou Annie.

— Então à saúde de Patoche e de seu irmão — brindou Roger Vincent erguendo o copo com um largo sorriso.

Esse sorriso permanece, em minha memória, como a principal característica de Roger Vincent: ele sempre pairava em seus lábios. Roger Vincent mergulhava nesse sorriso que não era jovial, e sim distante, sonhador, e o envolvia como uma bruma muito leve. Havia algo de aveludado nesse sorriso, em sua voz e aparência. Roger Vincent nunca fazia barulho. Você não o escutava chegar e, ao se virar, lá estava ele atrás de você. De vez em quando, da janela de nosso quarto, nós o víamos chegar ao volante de seu carro americano. Estacionava em frente à casa, o motor desligado, tal qual um barco de patrulha trazido pela ressaca e que ancora na costa imperceptivelmente.

Roger Vincent saía do carro, os gestos lentos, seu sorriso nos lábios. Nunca batia a porta do carro, mas sim a fechava com delicadeza.

Naquele dia, depois de nosso almoço com Branca de Neve na cozinha, eles continuaram na sala de estar. Quanto a Mathilde, ela se ocupava da roseira que havia plantado no primeiro nível do jardim, perto do túmulo do doutor Guillotin.

 Eu segurava minha pasta, e Branca de Neve ia me acompanhar ao instituto Jeanne-d'Arc para as aulas da tarde, quando Annie apareceu no batente da porta da sala de estar e me disse:

— Estude direito, Patoche...

Atrás dela, eu via a pequena Hélène e Roger Vincent, sorrindo seu sorriso imutável. Deviam estar de saída para almoçar na estalagem Robin des Bois.

— Você vai à escola a pé? — perguntou Roger Vincent.

Mesmo quando falava, sorria.

— Sim.

— Se quiser, levo você de carro...

— Você viu o carro de Roger Vincent? — perguntou-me Annie.

— Sim.

Ela sempre falou "Roger Vincent" com um afeto respeitoso, como se seu nome e sobrenome não pudessem ser separados. Eu a escutava dizer ao telefone: "Alô, Roger Vincent... Bom dia, Roger Vincent..." Annie o tratava com deferência. Ela e Jean D. o admiravam muito. Jean D. também o chamava de "Roger Vincent". Annie e Jean D. conversavam sobre ele e pareciam falar das "histórias de Roger Vincent" como quem conta lendas antigas. Andrée K., "a mulher do doutor famoso", chamava-o simplesmente de Roger e o tratava com intimidade.

— Quer que eu leve você à escola de carro? — perguntou-me Roger Vincent.

Ele havia adivinhado o que nós queríamos, meu irmão e eu. Sentamos os dois no banco dianteiro ao lado dele.

Roger Vincent deu uma bela marcha a ré na avenida em declive e o carro seguiu a rue du Docteur-Dordaine.

Deslizávamos sobre uma água parada. Eu não escutava o barulho do motor. Era a primeira vez que andávamos em um conversível, meu irmão e eu. E esse carro era tão grande que balançava por toda a largura da rua.

— Minha escola é ali...

Ele parou o carro e, estendendo o braço, abriu a porta para eu saltar.

— Boa sorte, Patoche.

Fiquei orgulhoso por Roger Vincent me chamar de "Patoche", como se me conhecesse havia muito tempo. Então, meu irmão ficou sentado sozinho ao lado dele, e parecia ainda menor naquele grande banco de couro vermelho. Virei-me antes de entrar no pátio do instituto Jeanne-d'Arc. Roger Vincent acenou com a mão. E ele sorria.

Quanto a Jean D., ele não tinha um carro americano conversível, mas um grande relógio em cujo mostrador víamos os segundos, os minutos, as horas, os dias, os meses e os anos. Ele nos explicava o funcionamento complicado daquele relógio de múltiplos ponteiros. Era muito mais amistoso conosco que Roger Vincent. E mais jovem.

Usava jaqueta de camurça, pulôver esportivo de gola rulê e sapatos com solado de crepe... Também era alto e magro. Cabelos negros e rosto de traços harmoniosos. Quando seus olhos castanhos repousavam sobre nós, um misto de malícia e tristeza iluminava seu olhar. Arregalava os olhos, como se tudo o surpreendesse. Eu invejava seus cabelos compridos enquanto os meus eram aparados pelo barbeiro a cada quinze dias, um corte tão curto que espetava quando eu passava a mão na cabeça e acima das orelhas. Mas não podia dizer nada. O barbeiro pegava a máquina de cortar cabelo sem pedir minha opinião.

Jean D. vinha a casa com mais frequência que os outros. Annie sempre o trazia em seu 4CV. Ele almoçava conosco e se sentava ao lado de Annie à grande mesa de jantar. Mathilde o chamava de "meu querido Jean" e não lhe dedicava a mesma reserva que aos outros visitantes. Ele chamava a pequena Hélène de "Linou" — assim como Mathilde. Sempre lhe perguntava: "E aí, tudo bem, Linou?" — e me chamava de "Patoche", como Annie.

Ele nos emprestou seu relógio, a meu irmão e a mim. Podíamos usá-lo, um de cada vez, durante uma semana. A pulseira de couro era grande demais e Jean D. fez um furo para ficar bem-ajustada nos pulsos. Fui com o relógio ao instituto Jeanne-d'Arc e o exibi aos colegas de turma que me rodeavam, naquele dia, no pátio. Talvez a diretora tenha reparado naquele relógio enorme em meu pulso e, de sua janela, visto-me descer do carro americano de Roger Vincent... Então decidiu que era melhor parar por aí e que meu lugar não era no instituto Jeanne-d'Arc.

— Que tipo de livro você lê? — perguntou-me um dia Jean D.

Todos tomavam café na sala de estar, depois do almoço: Annie, Mathilde, a pequena Hélène e Branca de Neve. Era uma quinta. Esperávamos Frede, que devia chegar com o sobrinho. Havíamos decidido, meu irmão e eu, entrar no saguão do castelo naquela tarde, como já o tínhamos feito com meu pai. A presença a nosso lado do sobrinho de Frede nos daria coragem para empreender a aventura.

— Patoche lê muito — respondeu Annie. — Não é, Branca de Neve?

— Ele lê demais para sua idade — acrescentou Branca de Neve.

Meu irmão e eu havíamos mergulhado um torrão de açúcar na xícara de café de Annie e o mastigamos, conforme exigia a etiqueta. Quando tivessem terminado de beber o café, Mathilde leria o futuro deles nas xícaras vazias, na "borra do café", dizia ela.

— Mas o que você lê? — perguntou Jean D.

Eu lhe respondi a série de livros de capa verde para crianças: Júlio Verne, *O último dos moicanos*... mas eu preferia *Os três mosqueteiros* por causa da flor de lis marcada no ombro de Milady.

— Você devia ler a "série negra" — disse Jean D.

— Você está louco, Jean... — interveio Annie, rindo. — Patoche ainda é novo demais para a "série negra"...

— Ele ainda vai ter muito tempo para ler a "série negra" — acrescentou a pequena Hélène.

Aparentemente, nem Mathilde nem Branca de Neve sabiam o significado da expressão "série negra". Elas permaneceram em silêncio.

Alguns dias depois, ele voltou a casa no 4CV de Annie. Chovia naquele fim de tarde e Jean D. usava uma parca. Ouvíamos, meu irmão e eu, um programa de rádio, sentados à mesa de jantar, e, quando o vimos entrar com Annie, levantamo-nos para cumprimentá-lo.

— Tome — disse Jean D. —, trouxe para você um da "série negra"...

Ele tirou do bolso da parca um livro amarelo e preto que me estendeu.

— Não dê ouvidos a ele, Patoche... — falou Annie. — É brincadeira... Isso não é livro para você.

Jean D. me fitava com seus olhos meio arregalados, seu olhar terno e triste. Em determinados momentos, eu tinha a impressão de que ele era uma criança como nós. Annie costumava falar com Jean D. no mesmo tom de voz com que falava conosco.

— É sim... — insistiu Jean D. — Aposto que vai se interessar por esse livro.

Eu o peguei para não o magoar, e, ainda hoje, toda vez que vejo uma daquelas capas duras amarelas e pretas, uma voz baixa e meio arrastada ressoa em meus ouvidos. A voz de Jean D., que nos repetia à noite, a meu irmão e a mim, o título gravado no livro que tinha me dado: *Não toque no dinheiro*.

Foi no mesmo dia? Chovia. Tínhamos acompanhado Branca de Neve à banca de jornal porque ela queria comprar envelopes e papéis de carta. Quando saímos de casa, Annie e Jean D. estavam sentados, os dois, dentro do 4CV estacionado na porta de casa. Conversavam, e de tão absortos na conversa nem nos viram. E, no entanto, eu lhes acenava com a mão. Jean D. havia levantado a gola de pele de seu casaco em torno do pescoço. Na volta, os dois ainda continuavam dentro do 4CV. Eu me inclinei para eles, mas nem sequer me olharam. Conversavam e, tanto um quanto o outro, pareciam preocupados.

A pequena Hélène jogava paciência na mesa de jantar ouvindo rádio. Mathilde devia estar no quarto. Subimos para o nosso, meu irmão e eu. Pela janela eu olhava o 4CV sob a chuva. Os dois ficaram lá dentro conversando até a hora do jantar. Que segredos poderiam trocar?

Roger Vincent e Jean D. vinham com frequência jantar na casa com Andrée K. Outros convidados chegavam depois da refeição. Naquelas noites, todos ficavam até tarde na sala de estar. De nosso quarto, escutávamos gritos e gargalhadas. E o toque do telefone. E a campainha da porta. Jantávamos às sete e meia na cozinha com Branca de Neve. A mesa de jantar já estava posta para Roger Vincent, Jean D., Andrée K., Annie, Mathilde e a pequena Hélène. A pequena Hélène preparava a comida e todos diziam que ela era "uma verdadeira cordon-bleu".

Antes de subir para deitar, íamos dar boa-noite na sala de estar. Já de pijama e roupão — dois roupões de tecido xadrez escocês que Annie nos tinha dado de presente.

Os outros chegavam mais tarde. Eu não conseguia evitar espiá-los pelas frestas das persianas de nosso quarto, assim que Branca de Neve apagava a luz e nos desejava uma boa noite. Um a um, chegavam e tocavam a campainha. Eu distinguia seus rostos sob a luz forte da lâmpada do alpendre. Alguns ficaram gravados em minha memória para sempre. E me surpreendo que os policiais não tenham me interrogado: entretanto as crianças veem. E ouvem também.

— Vocês têm uns roupões muito bonitos — dizia Roger Vincent.
    E ele sorria.
    Primeiro apertávamos a mão de Andrée K., que sempre se sentava na poltrona de tecido florido perto do telefone. Ela recebia telefonemas quando estava na casa. A pequena Hélène atendia o telefone e dizia:
    — Andrée, é para você...
    Andrée K. nos estendia o braço com um gesto desenvolto. Sorria também, mas seu sorriso durava menos que o de Roger Vincent.
    — Boa noite, crianças.
    O rosto era salpicado de sardas, maçãs salientes, olhos verdes, cabelos castanho-claros com franja. Fumava muito.

Cumprimentávamos Roger Vincent com um aperto de mão, e ele sempre sorria. Depois fazíamos o mesmo com Jean D. Beijávamos Annie e a pequena Hélène. Antes de deixarmos a sala de estar com Branca de Neve, Roger Vincent elogiava mais uma vez a elegância de nossos roupões.

Quando já estávamos ao pé da escada, a cabeça de Jean D. surgia pela abertura da porta da sala de estar.

— Durmam bem.

Ele nos fitava com seus olhos ternos e levemente arregalados. Dava uma piscadela e dizia baixinho, como se fosse um segredo entre nós:

— Não toque no dinheiro.

Certa quinta, Branca de Neve tirou uma folga. Ia visitar alguém da família em Paris e, depois do almoço, foi embora com Annie e Mathilde no 4cv. Ficamos sozinhos, sob a vigilância da pequena Hélène. Brincávamos no jardim armando uma tenda de lona que Annie me dera de presente em meu último aniversário. No meio da tarde, Roger Vincent chegou sozinho. Ele e a pequena Hélène conversavam no quintal da casa, mas eu não escutava o que diziam. A pequena Hélène nos avisou que precisavam dar uma passada em Versalhes e nos pediu que os acompanhassem.

Ficamos contentes de andar de novo no carro americano de Roger Vincent. Era abril, durante o feriado da Páscoa. A pequena Hélène se sentou na frente. Usava sua calça de montaria e sua jaqueta de caubói. Sentamos, meu irmão e eu, no grande banco traseiro e nossos pés não alcançavam o chão.

Roger Vincent dirigia devagar. Ele se voltou para nós com seu sorriso.

— Querem que eu ligue o rádio?

O rádio? Então podíamos ouvir rádio naquele carro? Ele apertou um botão de marfim no painel e logo escutamos uma música.

— Mais alto ou mais baixo, crianças? — perguntou-nos ele.

Não ousamos responder. Escutávamos a música que saía do painel. E depois uma mulher começou a cantar com uma voz rouca.

— É Edith cantando, crianças — explicou Roger Vincent. — É uma amiga...

Ele perguntou à pequena Hélène:

— Tem visto Edith?

— De vez em quando — respondeu a pequena Hélène.

Percorríamos uma grande avenida e chegávamos a Versalhes. O carro parou em um sinal vermelho e admiramos a nossa esquerda, no gramado, um relógio cujos numerais eram canteiros de flores.

— Outro dia — disse-nos a pequena Hélène — trago vocês para visitar o palácio.

Ela pediu a Roger Vincent que parasse em frente a uma loja de móveis antigos.

— Vocês, crianças, fiquem no carro — pediu Roger Vincent. — Fiquem de olho no carro...

Estávamos orgulhosos por desempenhar uma missão tão importante e observávamos as idas e vindas dos passantes na calçada. Atrás da vitrine, Roger Vincent e a pequena Hélène falavam com um homem moreno de impermeável e bigode. Conversaram muito tempo. Eles tinham nos esquecido.

Saíram da loja. Roger Vincent carregava uma maleta de couro e a guardou no porta-malas. Sentou-se ao volante e a pequena Hélène, a seu lado. Ele se virou para mim.

— Nada a reportar?
— Não... Nada... — respondi.
— Melhor assim — disse Roger Vincent.

No caminho de volta, em Versalhes, percorremos uma avenida no fim da qual se erguia uma igreja de tijolos. Algumas barracas ocupavam a plataforma em torno de uma cintilante pista de carrinhos bate-bate. Roger Vincent estacionou ao longo da calçada.

— Que tal levar as crianças para dar uma volta nos carrinhos bate-bate? — perguntou à pequena Hélène.

Esperávamos os quatro ao lado da pista. A música que saía dos alto-falantes estava bem alta. Apenas três carros ocupados, dos quais dois perseguiam o terceiro e o abalroavam ao mesmo tempo, dos dois lados, provocando gritos e gargalhadas. As hastes deixavam rastros de faíscas no teto do circuito. Porém o que mais me atraía era a cor dos carros: azul-turquesa, verde-claro, amarelo, violeta, vermelho vivo, malva, rosa, azul-noite... Eles pararam e seus ocupantes deixaram a pista. Meu irmão subiu em um carrinho amarelo com Roger Vincent, e eu, com a pequena Hélène, em um carrinho azul-turquesa.

Éramos os únicos no circuito e não batíamos. Roger Vincent e a pequena Hélène dirigiam. Dávamos a volta na pista e a pequena Hélène e eu seguíamos o carro de Roger Vincent e de meu irmão, deslizando em zigue-zague entre os outros carros vazios e imóveis. A música tocava mais baixo e o homem que havia nos entregado os bilhetes nos olhava com tristeza, parado ao lado da pista, como se fôssemos os últimos clientes.

    Já era quase noite. Paramos à beira da pista. Contemplei mais uma vez todos aqueles carros de cores vivas. Conversávamos em nosso quarto, meu irmão e eu, depois da hora de dormir. Tínhamos decidido instalar uma pista no quintal, no dia seguinte, com as velhas tábuas do depósito. Evidentemente, seria difícil arrumar um carrinho bate-bate, mas talvez encontrássemos algum velho, fora de uso. A cor, sobretudo, interessava-nos: eu hesitava entre o malva e o azul-turquesa; meu irmão preferia o verde bem claro.

O ar estava morno e Roger Vincent não tinha fechado a capota do carro. Ele falava com a pequena Hélène e eu pensava demais naqueles carrinhos bate-bate que havíamos acabado de descobrir para prestar atenção à conversa dos adultos. Margeávamos o aeródromo e logo viraríamos à esquerda para pegar a estrada em aclive que conduzia ao vilarejo. Eles elevaram a voz. Não brigavam, simplesmente falavam de Andrée K.

— Mas claro... — disse Roger Vincent. — Andrée pertencia ao bando da rue Lauriston...

"Andrée pertencia ao bando da rue Lauriston." Esta frase me chocou. Nós na escola também formávamos um bando: o filho do florista, o filho do barbeiro e dois ou três outros de quem não me lembro mais e que moravam todos na mesma rua. Éramos conhecidos como "o bando da rue du Docteur-Dordaine". Andrée K. tinha feito parte de um bando, como nós, mas de outra rua. Aquela mulher que nos intimidava, a meu irmão e a mim, com sua franja, suas sardas, seus olhos verdes, seus cigarros e seus misteriosos telefonemas, parecia-me de repente mais próxima. Roger Vincent e a pequena Hélène também davam a impressão de conhecer bem esse "bando da rue Lauriston." Mais tarde voltei a entreouvir esse nome na conversa dos dois e me habituei a sua sonoridade. Alguns anos depois, eu o escutei da boca de meu pai, mas ignorava que "o bando da rue Lauriston" me assombraria por tanto tempo.

Quando chegamos à rue du Docteur-Dordaine, o 4cv de Annie estava lá. Atrás dele, uma motocicleta grande. No corredor da entrada, Jean D. nos disse que a moto lhe pertencia e que naquela noite tinha vindo com ela de Paris até a casa. Ainda não havia tirado sua parca. Prometeu nos levar para passear de moto, um de cada vez, mas naquela noite já estava muito tarde. Branca de Neve voltaria amanhã de manhã. Mathilde tinha ido deitar, e Annie nos pediu que subíssemos para nosso quarto um instante, pois eles precisavam conversar. Roger Vincent entrou na sala de estar carregando a maleta de couro na mão. A pequena Hélène, Annie e Jean D. o seguiram e fecharam a porta. Eu os havia observado do alto da escada. O que podiam estar conversando na sala de estar? Ouvi o telefone tocar.

Após um tempo, Annie nos chamou. Jantamos todos juntos à mesa de jantar: Annie, a pequena Hélène, Jean D., Roger Vincent e nós dois. Naquela noite, durante o jantar, não usávamos nossos roupões como sempre, mas nossas roupas de sair. A pequena Hélène preparava a comida porque ela era uma verdadeira cordon-bleu.

Moramos mais de um ano na rue du Docteur-Dordaine. As estações se sucedem em minha memória. No inverno, na Missa do Galo, fomos meninos do coro na igreja do vilarejo. Annie, a pequena Hélène e Mathilde assistiam à missa. Branca de Neve passava o Natal com a família. Na volta, encontramos Roger Vincent na casa e ele nos disse que alguém nos aguardava na sala de estar. Entramos, meu irmão e eu, e vimos, sentado na poltrona de tecido florido perto do telefone, o Papai Noel. Ele não falava. Estendia a cada um, em silêncio, pacotes embrulhados em papel prateado. Mas não tínhamos tempo de desembrulhá-los. Ele se levantava e nos sinalizava para segui-lo. O Papai Noel e Roger Vincent nos levavam até a porta envidraçada que dava para o quintal. Roger Vincent acendia a lâmpada do quintal. Sobre as tábuas de madeira que tínhamos arrumado lado a lado, havia um carrinho bate-bate verde-claro — como meu irmão gostava. Depois, jantamos com eles. Jean D. veio se juntar a nós. Ele tinha a mesma altura e o mesmo gestual do Papai Noel. E o mesmo relógio.

A neve no pátio da escola. E os temporais de março. Descobri que chovia dia sim, dia não, e que eu podia prever o tempo. Sempre acertava. Pela primeira vez na vida, fomos ao cinema. Com Branca de Neve. Era um filme de o Gordo e o Magro. As macieiras do jardim voltaram a florescer. De novo eu acompanhava o bando da rue du Docteur--Dordaine até o moinho, cuja grande roda ainda girava. Os campeonatos de pipa diante do castelo recomeçaram. Não tínhamos mais medo, meu irmão e eu, de entrar no saguão e de caminhar entre os entulhos e as folhas mortas. Nós nos instalávamos dentro do elevador, um elevador com duas portas gradeadas, de madeira clara e lambrisada, com um banco de couro vermelho. Não tinha teto, e a luz se infiltrava pelo alto da cabine, da vidraça ainda intacta. Apertávamos os botões e fingíamos subir aos andares onde talvez o marquês Eliot Salter de Caussade nos aguardasse.

Mas não o vimos no vilarejo naquele ano. Fazia muito calor. As moscas ficavam presas no papel adesivo estendido na cozinha. Organizamos um piquenique na floresta com Branca de Neve e o sobrinho de Frede. Preferíamos, meu irmão e eu, tentar fazer o carrinho bate-bate deslizar sobre as velhas tábuas — esse carrinho bate-bate que, soubemos depois, a pequena Hélène havia encontrado graças a um amigo que trabalhava em um parque de diversões.

Para o 14 de Julho, Roger Vincent nos convidou para jantar na estalagem Robin des Bois. Ele tinha vindo de Paris com Jean D. e Andrée K. Ocupamos uma mesa no jardim da estalagem, um jardim enfeitado com alamedas e estátuas. Todo mundo estava lá: Annie, a pequena Hélène, Branca de Neve e até Mathilde. Annie usava seu vestido azul-claro e seu cinto preto largo bem apertado na cintura. Sentado ao lado de Andrée K., eu tinha vontade de lhe fazer perguntas sobre o bando ao qual havia pertencido, o da rue Lauriston. Mas não ousava.

E o outono... Íamos com Branca de Neve catar castanhas na floresta. Não tínhamos notícias de nossos pais. O último cartão-postal de nossa mãe era uma vista aérea da cidade de Túnis. Nosso pai nos havia escrito de Brazzaville. Depois de Bangui. E depois disso mais nada. Chegou o período da volta às aulas. O professor, após a educação física, mandava-nos limpar as folhas mortas do pátio. No quintal da casa, nós as deixávamos cair sem que as limpássemos, e as folhas adquiriam uma cor de ferrugem que contrastava com o verde-claro do carrinho bate-bate. Este parecia que ficaria até o fim dos tempos no meio da pista de folhas mortas. Nós, meu irmão e eu, sentávamo-nos no carrinho bate-bate e eu ficava ao volante. Amanhã, descobriríamos uma forma de fazê-lo deslizar. Amanhã... Sempre amanhã, como as visitas noturnas sempre adiadas ao castelo do marquês de Caussade.

Outra pane elétrica, e iluminamos a sala com uma lamparina a óleo para o jantar. Às noites de sábado, Mathilde e Branca de Neve acendiam o fogo na lareira da sala de jantar e nos deixavam ouvir rádio. De vez em quando ouvíamos Edith, a amiga de Roger Vincent e da pequena Hélène, cantar. À noite, antes de dormir, eu folheava o álbum da pequena Hélène, em que ela e seus colegas de trabalho apareciam. Dois deles me impressionavam. O americano Chester Kingston, de membros tão flexíveis quanto borracha e que se contorcia tão bem que o chamavam de "o homem quebra-cabeça". E Alfredo Codona, o trapezista de quem a pequena Hélène nos falava com frequência e que havia lhe ensinado o ofício. Esse mundo do circo e das casas de espetáculos era o único no qual queríamos viver no futuro, meu irmão e eu. Talvez porque nossa mãe nos levasse, quando éramos pequenos, a camarotes e bastidores de teatros.

Os outros vinham sempre a casa. Roger Vincent, Jean D., Andrée K. e os que tocavam a campainha à noite e cujos rostos, iluminados pela lâmpada da entrada, eu espiava através das frestas das persianas. Vozes, risos e toques de telefone. E Annie e Jean D. dentro do 4CV sob a chuva.

Ao longo dos anos posteriores, nunca mais os revi, exceto Jean D., uma única vez. Eu tinha vinte anos. Morava em um quarto na rue Coustou, perto da place Blanche. Tentava escrever meu primeiro livro. Um amigo me convidou para jantar em um restaurante do bairro. Quando cheguei, ele estava com dois convidados: Jean D. e uma moça, que o acompanhava.

Jean D. quase não tinha envelhecido. Uns poucos cabelos grisalhos nas têmporas, mas o mesmo cabelo comprido. Minúsculas rugas ao redor dos olhos. Não usava mais uma parca, e sim um terno cinza muito elegante. Tive a impressão de que não éramos mais os mesmos, ele e eu. Durante toda a refeição não fizemos nenhuma alusão aos velhos tempos. Jean D. me perguntou o que eu fazia da vida. Tratava-me sem cerimônia e me chamava de Patrick. Ele certamente havia explicado aos outros dois que me conhecia fazia muito tempo.

Quanto a mim, sabia um pouco mais sobre ele que à época de minha infância. Naquele ano, o sequestro de um político marroquino havia estado em todas as manchetes. Um dos protagonistas do caso havia morrido em circunstâncias misteriosas, na rue Des Renaudes, no instante em que os policiais forçavam a porta. Jean D. era amigo deste personagem e foi o último a tê-lo visto com vida. Seu testemunho tinha sido assunto nos jornais. Mas os artigos continham outros detalhes: Jean D. havia passado, outrora, sete anos na prisão. Não explicavam o porquê; porém, considerando a data, seus problemas começaram nos tempos da rue du Docteur-Dordaine.

Não trocamos uma só palavra acerca desses artigos. Eu simplesmente lhe perguntei se morava em Paris.

— Tenho um escritório. Faubourg Saint-Honoré. Você precisa me visitar...

Depois do jantar, meu amigo desapareceu. Vi sozinho com Jean D. e a moça que o acompanhava, uma morena que devia ser uns dez anos mais jovem que ele.

— Deixo você em algum lugar?

Ele abria a porta de um Jaguar estacionado em frente ao restaurante. Pelos artigos, eu havia descoberto que, em certo meio, chamavam-no de "o Grande do Jaguar". Desde o início do jantar, eu buscava uma brecha para lhe pedir esclarecimentos a respeito de um passado que até aquele dia permanecia um enigma.

— É por causa desse carro que o chamam de "o Grande do Jaguar"? — perguntei.

Mas ele deu de ombros sem me responder.

Jean D. quis visitar meu quarto na rue Coustou. Ele e a moça subiram, atrás de mim, a pequena escada cujo tapete vermelho gasto exalava um cheiro esquisito. Entraram no quarto e a moça se sentou no único assento — uma poltrona de vime. Quanto a Jean D., ficou de pé.

Era estranho vê-lo naquele quarto, com seu terno cinza muito elegante e gravata de seda escura. A moça olhava ao redor e não parecia entusiasmada com o ambiente.

— Você escreve? Está dando certo?

Jean D. havia se curvado sobre a mesa de bridge e contemplava as folhas de papel que eu tentava preencher, dia após dia.

— Você escreve com uma caneta Bic?

Ele me sorria.

— Aqui não tem aquecimento?

— Não.

— E dá para se virar?

O que lhe dizer? Eu não sabia como iria pagar o aluguel daquele quarto no fim do mês: quinhentos francos. Claro, nós nos conhecíamos havia muito tempo, mas isso não era motivo para lhe confiar minhas preocupações.

— Eu me viro — respondi.

— Não parece.

Durante um momento ficamos cara a cara no vão da janela. Embora o chamassem de "o Grande do Jaguar", agora eu era um pouco mais alto que ele. Jean D. me envolveu com um olhar afetuoso e ingênuo, o mesmo dos tempos da rue du Docteur-Dordaine. Passou a língua nos lábios e me lembrei de que fazia isso na casa quando refletia. Esse jeito de passar a língua nos lábios e se perder em pensamentos observei mais tarde em outra pessoa além de Jean D.: Emmanuel Berl E isso me emocionou.

Ele se calou. Eu também. Sua amiga continuava sentada na poltrona de vime e folheava uma revista jogada na cama que havia pegado ao passar. Melhor, no fundo, que aquela moça estivesse ali, senão teríamos conversado abertamente, Jean D. e eu. Não era fácil, li em seu olhar. Às primeiras palavras, agiríamos como os alvos nos estandes de tiro que desabam quando a bala atinge um ponto estratégico. Na certa, Annie, a pequena Hélène e Roger Vincent acabaram na prisão... Eu tinha perdido meu irmão. O fio havia se rompido. Um fio da Virgem. Nada mais restava de tudo aquilo...

Ele se voltou para a amiga e lhe disse:

— A vista daqui é bonita... É a própria Côte d'Azur...

A janela dava para a estreita rue Puget, onde ninguém jamais passava. Um bar nojento na esquina da rua, um velho estabelecimento de venda de vinho e carvão, diante do qual uma moça solitária fazia ponto. Sempre a mesma. E para nada.

— Bela vista, não?

Jean D. inspecionava o quarto, a cama, a mesa de bridge sobre a qual eu escrevia todos os dias. Eu o via de costas. Sua amiga apoiava a testa no vidro e contemplava lá embaixo a rue Puget.

Despediram-se e me desejaram boa sorte. Alguns instantes depois, achei sobre a mesa de bridge quatro notas de quinhentos francos cuidadosamente dobradas. Tentei encontrar o endereço de seu escritório. Faubourg Saint--Honoré. Em vão. E nunca mais revi o Grande do Jaguar.

Às quintas e aos sábados, quando Branca de Neve não estava, Annie nos levava, a meu irmão e a mim, a Paris em seu 4CV. O trajeto era sempre o mesmo e, graças a um esforço de memória, consegui reconstituí-lo. Seguíamos pela autoestrada no sentido oeste e passávamos pelo túnel de Saint-Cloud. Atravessávamos uma ponte sobre o Sena e depois margeávamos os cais de Boulogne e de Neuilly. Lembro-me das mansões ao longo desses cais, protegidas por grades e folhagens; das chatas e das casas flutuantes às quais se tinha acesso por escadas de madeira, cada uma com um nome na caixa de correio, ao pé das escadas.

— Vou comprar uma chata aqui e vamos todos morar nela — dizia Annie.

Chegávamos à Porte Maillot. Consegui localizar essa etapa de nosso itinerário por causa do trenzinho do Jardin d'Acclimatation. Uma tarde, Annie nos havia levado para dar uma volta nele. E chegávamos ao término da viagem naquela área onde Neuilly, Levallois e Paris se confundem.

Era uma rua ladeada de árvores cujas folhagens formavam uma abóbada. Nenhum prédio nessa rua, mas galpões e oficinas. Parávamos diante da maior e mais moderna oficina, com uma fachada bege e um frontão.

No interior, um aposento era protegido por vidros. Um homem nos recebia, um louro de cabelos cacheados, sentado em uma poltrona de couro atrás de uma mesa de metal. Tinha a idade de Annie. Tratavam-se com intimidade. Ele se vestia, como Jean D., com uma camisa quadriculada, uma jaqueta de camurça, uma parca no inverno e sapatos com solado de crepe. Meu irmão e eu o chamávamos, entre nós, de "Buck Danny" porque eu o achava parecido com o personagem de uma revista em quadrinhos infantil que lia naquela época.

Sobre o que Annie e Buck Danny conversavam? O que faziam quando a porta do escritório era trancada à chave por dentro e uma cortina de lona laranja era fechada atrás dos vidros? Meu irmão e eu passeávamos pela oficina, ainda mais misteriosa que o saguão do castelo abandonado por Eliot Salter, marquês de Caussade. Admirávamos, um após o outro, os carros aos quais faltava um para-lama, um capô, o pneu de uma roda; um homem de macacão deitado debaixo de um conversível consertava algo com uma chave inglesa; outro, um cano na mão, enchia de gasolina o tanque de um caminhão que tinha parado com o motor roncando de forma terrível. Um dia reconhecemos o carro americano de Roger Vincent, com o capô aberto, e concluímos que Buck Danny e Roger Vincent eram amigos.

De vez em quando íamos buscar Buck Danny em casa, em um condomínio ao longo de um bulevar, e hoje me parece que era o boulevard Berthier. Esperávamos Annie na calçada. Ela chegava com Buck Danny. Deixávamos o 4cv estacionado diante do prédio de apartamentos e nós quatro caminhávamos até a oficina pelas ruazinhas ladeadas de árvores e galpões.

Fazia frio naquela oficina e o cheiro de gasolina era mais forte que o de grama molhada e água, quando nos mantínhamos imóveis diante da roda do moinho. Pairava o mesmo lusco-fusco em alguns cantos onde dormiam automóveis abandonados. Suas carrocerias reluziam suavemente nesse lusco-fusco e eu não conseguia desgrudar os olhos de uma placa de metal presa à parede, uma placa amarela na qual eu lia um nome de sete letras em caracteres pretos, cujos desenho e sonoridade ainda hoje mexem com meu coração: CASTROL.

Certa quinta, ela me levou sozinho em seu 4CV. Meu irmão tinha ido fazer compras em Versalhes com a pequena Hélène. Estacionamos diante do edifício onde Buck Danny morava. Mas, dessa vez, ela voltou sem ele.

Na oficina, ele não estava no escritório. Entramos no 4CV. Percorríamos as ruazinhas do bairro. Acabamos nos perdendo. Virávamos aquelas ruas todas parecidas com suas árvores e seus galpões.

Ela acabou estacionando perto de uma construção de tijolinhos. Hoje me pergunto se não seria o antigo posto fiscal de Neuilly. Mas de que adianta tentar encontrar os lugares? Ela se virou e estendeu o braço em direção ao banco traseiro para apanhar um mapa de Paris e outro objeto que me mostrou e cujo uso eu desconhecia: uma cigarreira de couro de crocodilo marrom.

— Tome, Patoche... É para você... Um dia vai ser útil...

Eu contemplava o estojo de couro de crocodilo. Tinha uma armação metálica no interior e continha dois cigarros de tabaco louro, de perfume muito suave. Retirei-os do estojo e, no momento em que ia agradecer o presente e lhe entregar os dois cigarros, vi seu rosto de perfil. O olhar fixo à frente. Uma lágrima escorria por sua bochecha. Eu não ousava dizer nada, e a frase do sobrinho de Frede ressoava em minha cabeça: "Annie chorou a noite toda no Carroll's."

Eu mexia na cigarreira. Aguardava. Ela virou o rosto para mim. Sorria para mim.

— Gostou?

E, com um gesto brusco, deu a partida. Seus gestos eram sempre bruscos. Usava sempre jaquetas e calças masculinas. Exceto à noite. Seus cabelos louros eram muito curtos. Mas havia nela tanta doçura feminina, uma fragilidade tão grande... No caminho de volta, eu pensava em seu rosto grave, quando ela ficava com Jean D. dentro do 4CV sob a chuva.

Voltei àquele bairro há vinte anos, mais ou menos na época em que revi Jean D. Passei os meses de julho e agosto morando em um quarto minúsculo no sótão, no square de Graisivaudan. A pia se encostava na cama, cujo pé ficava a alguns centímetros da porta. Para entrar no quarto era preciso passar por cima da cama. Eu tentava terminar meu primeiro livro. Passeava às margens do 17º arrondissement, em Neuilly e Levallois, aonde Annie nos levava, a meu irmão e a mim, nos dias de folga. Toda aquela área indistinta que não se sabe se ainda é Paris, todas aquelas ruas foram riscadas do mapa na época da construção do anel viário, varrendo com elas suas oficinas e seus segredos.

Não pensei um único instante em Annie quando morava naquele bairro que tantas vezes percorremos juntos. Um passado mais remoto me assombrava, por causa de meu pai.

Ele havia sido preso em uma noite de fevereiro em um restaurante da rue de Marignan. Não tinha documentos. A polícia dava batidas obedecendo a uma nova ordem alemã: a proibição aos judeus de frequentar lugares públicos depois das oito da noite. Ele tinha se aproveitado da penumbra e de um instante de desatenção dos policiais na frente do camburão para fugir.

No ano seguinte, capturaram-no em sua casa. Conduziram-no à delegacia e depois a um anexo do campo de concentração de Drancy, em Paris, no cais da estação de trem, um gigantesco armazém de mercadorias onde eram guardados todos os bens pilhados dos judeus pelos alemães: móveis, louça, roupa de cama, mesa e banho, brinquedos, tapetes e objetos de arte dispostos por recintos e em prateleiras como nas Galeries Lafayette. Os prisioneiros esvaziavam as caixas à medida que elas chegavam e enchiam outras de partida para a Alemanha.

Certa noite, alguém tinha ido de carro ao cais da estação de trem e havia mandado soltar meu pai. Eu imaginava — com razão ou não — tratar-se de um tal Louis Pagnon, conhecido como "Eddy", fuzilado na Liberação juntamente com os integrantes do bando da rue Lauriston, ao qual pertencia.

Sim, alguém tirou meu pai do "buraco", segundo a expressão que ele mesmo havia empregado certa noite em que estávamos sozinhos e ele esteve a um triz de me fazer algumas confidências quando eu tinha quinze anos. Naquela noite, senti que ele queria me transmitir sua experiência sobre as coisas complicadas e dolorosas da vida, mas não encontrava palavras. Pagnon ou algum outro? Eu bem precisava de respostas para minhas perguntas. Que ligação poderia haver entre aquele homem e meu pai? Um antigo colega de regimento? Um encontro fortuito antes da guerra? Na época em que eu morava no square de Graisivaudan, tentei elucidar esse enigma seguindo pistas de Pagnon. Deram-me autorização para consultar os antigos arquivos. Ele havia nascido em Paris no 10º arrondissement entre a République e o canal Saint-Martin. Meu pai também tinha passado a infância no 10º arrondissement, porém um pouco mais afastado, perto da cité d'Hauteville. Teriam se conhecido na escola pública do bairro? Em 1932, Pagnon havia sido condenado a uma pena branda, pelo tribunal correcional de Mont-de-Marsan, por "controlar uma casa de jogo". De 1937 a 1939, tinha sido funcionário de uma oficina no 17º arrondissement. Conhecera um certo Henri, representante de vendas dos automóveis Simca, que morava perto da Porte des Lilas; e um outro homem chamado Edmond Delehaye, chefe de seção na Savary, uma fábrica de carrocerias em Aubervilliers. Os três costumavam se encontrar, pois todos eles trabalhavam no ramo de automóveis. A guerra chegou, e com ela a Ocupação. Henri montara uma loja para a venda de produtos no mercado negro. Edmond Delehaye lhe servia de secretário, e Pagnon, de motorista. Instalaram-se em uma mansão na rue Lauriston, perto da Étoile, com outros indivíduos de índole duvidosa. Esses maus elementos — segundo a expressão de meu pai — infiltraram-se pouco a pouco na engrenagem: dos negócios no mercado negro eles se deixaram seduzir pelos alemães para executar os serviços sujos da polícia.

Pagnon havia participado de um contrabando que o relatório do inquérito chamava de "o negócio das meias de Biarritz". Tratava-se de uma grande quantidade de meias que Pagnon recolhia de diferentes contrabandistas da região. Ele as acondicionava em pacotes de doze pares e as depositava nas proximidades da gare de Bayonne. Encheram seis vagões. Na Paris vazia da Ocupação, Pagnon andava de carro, tinha comprado um cavalo de corrida, morava em um imóvel de luxo na rue des Belles-Feuilles e era amante da esposa de um marquês. Frequentavam juntos as pistas de corrida de Neuilly, Barbizon, a estalagem du Fruit Défendu, em Bougival... Quando meu pai tinha conhecido Pagnon? Durante o negócio das meias de Biarritz? Quem sabe? Em uma tarde de 1939, no 17º arrondissement, meu pai havia parado diante de uma oficina para trocar o pneu de seu Ford, e Pagnon estava lá. Eles conversaram, Pagnon talvez lhe tenha encomendado um serviço ou pedido um conselho e foram tomar alguma coisa no bar ao lado com Henri e Edmond Delehaye... Conhecemos gente muito estranha na vida.

Eu havia perambulado perto da Porte des Lilas, na esperança de que ainda se lembrassem de um representante dos automóveis Simca que morava ali perto por volta de 1939. Um tal Henri. Mas nada. Ninguém tinha ouvido falar dele. Em Aubervilliers, na avenue Jean-Jaurès, as carrocerias Savary, que empregavam Edmond Delehaye, não existiam havia muito. E a oficina do 17º arrondissement onde Pagnon trabalhava? Se eu conseguisse localizá-la, um antigo mecânico se lembraria de Pagnon e — assim eu esperava — de meu pai. E por fim eu saberia tudo o que deveria saber, e que meu pai sabia.

Preparei uma lista de oficinas do 17º, priorizando as localizadas nos arredores do arrondissement. Minha intuição dizia que Pagnon trabalhava em uma delas:

Garage des Réservoirs
Société Ancienne du Garage-Auto-Star
Van Zon
Vicar et Cie
Villa de l'Auto
Garage Côte d'Azur

Garage Caroline
Champerret-Marly-Automobiles
Cristal Garage
De Korsak
Eden Garage
L'Étoile du Nord
Auto-Sport Garage
Garage Franco-Américain
s.o.c.o.v.a.
Majestic Automobiles
Garage des Villas
Auto-Lux
Garage Saint-Pierre
Garage de la Comète
Garage Bleu
Matford-Automobiles
Diak
Garage du Bois des Caures
As Garage
Dixmude-Palace-Auto
Buffalo-Transports
Duvivier (R) s.a.r.l.
Autos-Remises
Lancien Frère
Garage aux Docks de la Jonquière

Hoje digo a mim mesmo que a oficina aonde Annie me levava com meu irmão deve constar nessa lista. Talvez a de Pagnon fosse a mesma. Revejo as folhagens das árvores da rua, a grande fachada bege com frontão... Eles a demoliram com as outras, e todos aqueles anos não passaram, para mim, de uma longa e vã busca de uma oficina perdida.

Annie me levava a outro bairro de Paris que mais tarde me foi fácil reconhecer: avenue Junot, em Montmartre. Ela estacionava o 4CV diante de um pequeno prédio branco com porta envidraçada de ferro forjado. Pedia para eu esperar. Não demoraria. Ela entrava no prédio.

Eu passeava pela calçada da avenida. Talvez minha predileção por esse bairro date daquela época. Uma escada íngreme levava à outra rua, lá embaixo, e eu me divertia descendo. Rue Caulaincourt. Percorria alguns metros a pé, mas não me aventurava longe demais. Eu subia depressa a escada com medo de que Annie fosse embora em seu 4CV e me deixasse sozinho.

Mas era eu quem chegava primeiro e precisava esperar, como a esperávamos na oficina, quando a cortina laranja era fechada atrás do vidro da sala de Buck Danny. Ela saía do prédio com Roger Vincent. Ele me sorria. Fingia ter me encontrado por acaso.

— Olhe só... O que você está fazendo aqui no bairro?

Nos dias subsequentes, ele dizia a Andrée K., a Jean D. e à pequena Hélène:

— Engraçado... Encontrei Patoche em Montmartre... Não faço ideia do que ele podia estar fazendo lá...

E se virava para mim.

— Não diga nada a eles. Quanto menos falar, melhor.

Avenue Junot. Annie o beijava. Ela o chamava de "Roger Vincent" e o tratava de maneira formal, mas o beijava.

— Um dia convido você para ir a minha casa — dizia-me Roger Vincent. — Eu moro aqui...

E apontava para a porta de ferro forjado do pequeno prédio branco.

Nós três caminhávamos pela calçada. Seu carro americano não estava estacionado diante de sua casa e eu lhe perguntei por quê.

— Eu o guardo na garagem ali em frente...

Passávamos na porta do hotel Alsina, perto da escadaria. Um dia, Annie disse:

— Foi aqui que morei, no início, com a pequena Hélène e Mathilde... Se tivessem visto a cara de Mathilde...

Roger Vincent sorria. E eu, sem me dar conta, ouvia todas as suas palavras e elas ficavam gravadas em minha memória.

Bem mais tarde, eu me casei e morei alguns anos naquele bairro. Passava quase todo dia pela avenue Junot. Uma tarde, tive um estalo: empurrei o portão envidraçado do prédio branco. Toquei a campainha da porta do zelador. Um homem ruivo enfiou a cabeça pelo vão da porta.

— O que o senhor deseja?

— É a respeito de alguém que morava nesse prédio faz uns vinte anos...

— Ah, mas eu ainda não trabalhava aqui, senhor...

— O senhor não sabe como eu poderia obter informações a respeito dele?

— Pergunte na garagem ali em frente. Aqueles ali conheceram todo mundo.

Mas não perguntei na garagem em frente. Eu havia dedicado tantos dias à busca de oficinas em Paris, sem sucesso, que já não acreditava mais que conseguiria.

No verão, os dias se estendem, e Annie, menos severa que Branca de Neve, deixava-nos brincar até tarde na avenida em declive, na frente da casa. Naquela época não vestíamos nossos roupões. Depois do jantar, Annie nos acompanhava até a porta e me entregava seu relógio de pulso.

— Podem brincar até as nove e meia... Às nove e meia entrem... Preste atenção na hora, Patoche... Confio em você...

Quando Jean D. estava lá, ele me confiava seu enorme relógio. Ajustava-o de tal modo que às nove e meia em ponto um alarme baixinho — como o de um despertador — anunciava-nos a hora de voltar para casa.

Descíamos os dois pela avenida até a estrada, onde alguns poucos carros ainda passavam. A cem metros, à direita, a estação de trem, uma pequena construção de enxaimel em ruínas parecia uma mansão à beira-mar.

À frente, uma esplanada deserta ladeada por árvores e pelo CAFÉ DE LA GARE.

Certa quinta, meu pai não tinha vindo de carro com um de seus amigos, mas sim de trem. No fim da tarde, nós dois o havíamos acompanhado à estação. E, como tínhamos chegado antes da hora, ele nos convidara ao terraço do Café de la Gare. Meu irmão e eu havíamos bebido Coca-Cola, e ele, um conhaque com água.

Já havia pago a conta e se levantado para pegar o trem. Antes de nos deixar, dissera:

— Não se esqueçam... Se, por acaso, encontrarem o marquês de Caussade no castelo, digam que Albert manda lembranças...

Na esquina da estrada com a avenida, protegidos por uma abundância de alfeneiros, vigiávamos a estação. De tempos em tempos, um grupo de viajantes saía e se dispersava indo em direção ao vilarejo, ao moinho de Bièvre, ao povoado de Mets. Os viajantes eram cada vez mais raros. Pouco depois, uma única pessoa atravessava a esplanada. O marquês de Caussade? Definitivamente, naquela noite devíamos tentar a grande aventura e ir ao castelo. Mas tínhamos certeza de que esse projeto seria adiado sem cessar para o dia seguinte.

Permanecemos, por um bom tempo, imóveis diante das cercas vivas que protegiam a estalagem Robin des Bois. Escutávamos as conversas das pessoas jantando no jardim. Embora escondidos pelas cercas vivas, ouvíamos suas vozes pertinho. Ouvíamos o tinido dos talheres, o passo dos garçons sobre o cascalho. O cheiro de certos pratos se misturava ao perfume dos alfeneiros. Porém este era mais forte. Toda a avenida cheirava a alfeneiro.

Lá no alto, a *bow-window* da sala de estar se iluminava. O carro americano de Roger Vincent estava estacionado diante da casa. Naquela noite, ele tinha vindo com Andrée K., "a mulher do doutor famoso", a que havia feito parte do bando da rue Lauriston e que tratava Roger Vincent com intimidade. Ainda não eram nove e meia, mas Annie saía da casa, seu vestido azul-claro apertado na cintura. Atravessávamos de novo a avenida, o mais rápido possível, abaixados, e nos escondíamos atrás dos arbustos do bosque perto do templo protestante. Annie se aproximava. Seus cabelos louros formavam uma mancha no crepúsculo. Escutávamos seus passos. Ela tentava nos encontrar. Era uma brincadeira nossa. Todas as vezes nos escondíamos em um lugar diferente, nesse terreno abandonado que as árvores e a vegetação invadiram. Ela acabava descobrindo nosso esconderijo porque tínhamos um ataque de riso quando se aproximava demais. Voltávamos os três para casa. Annie era uma criança como nós.

Algumas frases permanecem gravadas em nossa mente para sempre. Uma tarde montaram uma espécie de quermesse no pátio do templo protestante, na outra calçada. Da janela de nosso quarto, tínhamos uma vista panorâmica das barraquinhas, em torno das quais se comprimiam crianças e seus pais. Durante o almoço, Mathilde me perguntou:

— Gostaria de ir à festa do templo, imbecil afortunado?

Ela nos levou. Compramos uma rifa e ganhamos dois pacotes de *nougatine*. Na volta, Mathilde me disse:

— Deixaram vocês entrarem na festa porque sou protestante, imbecil afortunado!

Austera como sempre, usava seu camafeu e seu vestido preto.

— E vou logo avisando: os protestantes veem tudo! Nada se pode esconder deles! Os protestantes não têm apenas dois olhos! Também têm outro atrás da cabeça! Entendeu?

Ela me apontava o coque.

— Entendeu, imbecil afortunado? Um olho atrás da cabeça!

Desde então, nós, meu irmão e eu, sentíamo-nos incomodados em sua presença, sobretudo quando passávamos por trás dela. Demorei muito a entender que os protestantes eram iguais a todo mundo e a não trocar de calçada toda vez que encontrava um.

Nunca mais nenhuma frase terá para nós tal repercussão. Era como o sorriso de Roger Vincent. Nunca mais encontrei sorriso semelhante. Mesmo na ausência de Roger Vincent, seu sorriso pairava no ar. Lembro-me de outra frase que Jean D. tinha me dito. Certa manhã, ele havia me levado de moto até a estrada de Versalhes. Não ia rápido demais, e eu o segurava pela parca. Na volta, paramos na estalagem Robin des Bois. Ele queria comprar cigarros. A dona estava sozinha no bar da estalagem, uma mulher loura, jovem e muito bonita, que não era a que meu pai havia conhecido na época que frequentava aquela estalagem com Eliot Salter, marquês de Caussade, e talvez com Eddy Pagnon.

— Um maço de Balto — pediu Jean D.

A dona lhe entregou o maço de cigarros lançando um sorriso para nós dois. Quando saímos da estalagem, Jean D. me disse com uma voz grave:

— Está vendo, meu amiguinho... As mulheres... Elas parecem extraordinárias de longe... Mas, de perto... É preciso desconfiar...

Bruscamente, sua expressão ficou triste.

Certa quinta, brincávamos na colina ao lado do castelo. A pequena Hélène, sentada no banco em geral ocupado por Branca de Neve, vigiava-nos. Escalávamos os galhos dos pinheiros. Eu tinha subido alto demais na árvore e, ao pular de um galho para o outro, quase havia caído. Quando desci da árvore, a pequena Hélène estava pálida. Naquele dia, usava sua calça de montaria e seu bolero incrustado de madrepérola.

— Não tem graça... Você podia ter se matado...

Jamais eu a tinha ouvido falar naquele tom ríspido.

— Nunca mais repita isso...

Eu estava tão pouco habituado a vê-la zangada que tive vontade de chorar.

— Fui obrigada a abandonar minha carreira por causa de uma bobagem dessas...

A pequena Hélène me pegou pelo ombro e me arrastou até o banco de pedra sob as árvores. Ela me obrigou a sentar. Tirou do bolso interno do bolero uma carteira de couro de crocodilo — da mesma cor da cigarreira que Annie tinha me dado e que devia ser da mesma loja. E, dessa carteira, retirou um papel e o estendeu a mim.

— Você sabe ler?

Era uma matéria de jornal com uma foto. Li o que estava escrito em letras garrafais: A TRAPEZISTA HÉLÈNE TOCH É VÍTIMA DE UM GRAVE ACIDENTE. MUSTAPHA AMAR A SUA CABECEIRA. Ela pegou de volta a matéria e a guardou na carteira.

— Na vida, os acidentes acontecem muito rápido... Eu era como você... Eu não sabia... Eu era confiante...

A pequena Hélène pareceu ter se arrependido de falar comigo como se eu fosse um adulto.

— ... Vamos lanchar... Vamos comprar doces na padaria...

Ao longo da rue du Docteur-Dordaine, eu me deixava ficar um pouco para trás para observá-la andar. Mancava ligeiramente, e até então não havia me ocorrido que ela nem sempre tinha mancado. Portanto, na vida, acidentes acontecem. Essa descoberta me incomodava muito.

Na tarde em que tinha ido sozinho a Paris no 4CV de Annie e na qual ela havia me presenteado com a cigarreira de couro de crocodilo, acabamos encontrando o caminho nas ruazinhas hoje destruídas do 17º arrondissement. Seguíamos os cais do Sena, como de costume. Havíamos parado um instante à beira do rio, perto de Neuilly e da ilha de Puteaux. Observávamos, do alto das escadas de madeira que davam acesso aos pontões de cores claras, as casas flutuantes e as chatas convertidas em apartamentos.

— Vamos precisar nos mudar em breve, Patoche... E é ali que quero morar...

Ela já havia nos falado da mudança, várias vezes. Estávamos um pouco inquietos ante a perspectiva de deixar a casa e o vilarejo. Mas morar a bordo de uma daquelas chatas... Dia após dia aguardávamos a partida rumo a essa nova aventura.

— Vamos arrumar um quarto para os dois... Com escotilhas... E teremos uma grande sala de estar e um bar...

Annie sonhava em voz alta. Entramos no 4cv. Após o túnel de Saint-Cloud, na autoestrada, ela virou o rosto para mim. Envolvia-me com um olhar ainda mais cintilante que o normal.

— Sabe o que você devia fazer? Devia escrever todas as noites o que fez durante o dia... Vou comprar um caderno só para isso...

Era uma boa ideia. Eu enfiava a mão no bolso para verificar se ainda tinha a cigarreira.

Certos objetos desaparecem de nossa vida ao primeiro momento de desatenção, mas aquela cigarreira permaneceu fiel a mim. Eu sabia que ela sempre estaria ao alcance de minha mão, na gaveta de uma mesinha de cabeceira, em um compartimento do armário, no fundo de uma escrivaninha, no bolso interno de um paletó. Tinha tanta certeza dela e de sua presença que me esquecia dela. Exceto nos momentos de melancolia. Então eu a contemplava sob todos os ângulos. Era o único objeto que testemunhava um período de minha vida do qual eu não podia falar com ninguém e que às vezes me perguntava se realmente tinha vivido.

No entanto quase a perdi um dia. Eu estava em um daqueles colégios onde esperei o tempo passar até completar dezessete anos. Minha cigarreira despertava a cobiça de dois irmãos gêmeos pertencentes à alta burguesia.

Eles tinham vários primos em outras turmas e o pai ostentava o título de "melhor atirador da França". Se todos se unissem contra mim, eu não teria a menor chance de me defender.

O único meio de escapar deles era dar um jeito de ser expulso daquele colégio o mais rápido possível. Fugi um dia de manhã e aproveitei para visitar Chantilly, Mortefontaine, Ermenonville e a abadia de Chaalis. Voltei ao colégio na hora do jantar. O diretor anunciou minha expulsão, mas não havia conseguido falar com meus pais. Meu pai tinha partido havia alguns meses para a Colômbia, em busca de um terreno aurífero recomendado por um amigo; minha mãe estava em turnê para os lados de La Chaux-de-Fonds. Colocaram-me de quarentena em um quarto de enfermaria aguardando que alguém fosse me buscar. Eu não tinha direito a assistir às aulas nem a fazer as refeições com meus colegas no refeitório. Essa espécie de imunidade diplomática me deixava definitivamente a salvo dos dois irmãos, de seus primos e do melhor atirador da França. Toda noite, antes de dormir, eu verificava debaixo do travesseiro a presença de minha cigarreira de couro de crocodilo.

Esse objeto atrairia a atenção sobre ele alguns anos depois uma última vez. Havia seguido o conselho de Annie de escrever todo dia em um caderno: acabava de terminar meu primeiro livro. Estava sentado no balcão de um café da avenue de Wagram. A meu lado, de pé, um homem de uns sessenta anos, cabelos pretos, óculos de aros muito finos e traje tão impecável quanto as mãos. Eu o observava havia alguns minutos e me perguntava o que ele fazia na vida.

Ele tinha pedido ao garçom um maço, mas naquele café não se vendia cigarro. Estendi-lhe minha cigarreira de couro de crocodilo.

— Muito obrigado, senhor.

Ele pegou um cigarro. Seu olhar permaneceu fixo na cigarreira de couro de crocodilo.

— O senhor me permite?

Tomou-a de minhas mãos. Com o cenho franzido, ele a virava e revirava.

— Eu tinha uma igual.

Devolveu-a e me examinou com um olhar atento.

— Roubaram todo o estoque desse artigo. Depois, não o vendemos mais. O senhor possui uma peça de coleção muito rara...

Ele me sorria. Tinha ocupado o cargo de diretor em uma grande marroquinaria na Champs-Élysées, mas agora estava aposentado.

— Eles não se contentaram com cigarreiras como essa. Roubaram tudo da loja.

Havia inclinado o rosto para mim e continuava sorrindo.

— Não pense que tenho a menor suspeita do senhor... O senhor era muito jovem na época...

— Isso faz muito tempo? — perguntei a ele.

— Uns quinze anos.

— E eles foram presos?

— Nem todos. Os envolvidos fizeram coisas bem mais graves que aquele arrombamento...

Coisas bem mais graves. Essas palavras eu já conhecia. A trapezista Hélène Toch vítima de um GRAVE ACIDENTE. E o rapaz de grandes olhos azuis que, mais tarde, tinha me respondido: uma coisa muito grave.

Lá fora, na avenue de Wagram, eu caminhava com uma curiosa exaltação no peito. Depois de muito tempo, era a primeira vez que sentia a presença de Annie. Ela andava atrás de mim naquela noite. Roger Vincent e a pequena Hélène também deviam se encontrar em alguma parte dessa cidade. No fundo, eles jamais me deixaram.

Branca de Neve foi embora para sempre sem nos avisar. No café da manhã, Mathilde me disse:

— Ela foi embora porque não queria mais cuidar de você, imbecil afortunado!

Annie deu de ombros e piscou para mim.

— Não diga bobagens, mamãe! Ela foi embora porque precisava voltar para a família.

Mathilde semicerrou os olhos e lançou sobre a filha um olhar rancoroso.

— Não se fala desse jeito com a mãe na frente das crianças!

Annie fingia não ter escutado. Ela nos sorria.

— Você ouviu? — perguntou Mathilde à filha. — Você vai acabar mal! Como o imbecil afortunado!

De novo, Annie deu de ombros.

— Calma, Thilda — interveio a pequena Hélène.

Mathilde apontou para o coque na parte de trás da cabeça para mim.

— Você sabe o que isso quer dizer, hein? Agora que Branca de Neve não está mais aqui, quem vai vigiar você sou eu, imbecil afortunado!

Annie me acompanhou à escola. Como sempre, colocou a mão em meu ombro.

— Você não deve prestar atenção ao que mamãe diz... Ela é velha... Os velhos falam qualquer besteira...

Havíamos chegado cedo. Esperávamos diante da porta de ferro do pátio.

— Você e seu irmão vão dormir uma ou duas noites na casa da frente... sabe, aquela casa branca... Vamos receber umas visitas que vão morar na nossa casa uns dias...

Ela deve ter se dado conta de que fiquei inquieto.

— Mas, de todo modo, vou ficar com vocês... Vai ver, vocês vão se divertir bastante...

Na sala, eu não me concentrava na aula. Pensava em outra coisa. Branca de Neve tinha ido embora, e nós, nós íamos morar na casa da frente.

Depois da escola, Annie nos levou, a meu irmão e a mim, a casa da frente. Tocou a campainha na entradinha que dava para a rue du Docteur-Dordaine. Uma senhora morena bem gorda e toda de preto abriu a porta. Era a caseira, porque os proprietários não moravam lá.

— O quarto está pronto — avisou a caseira.

Subimos uma escada iluminada por luz elétrica. Todas as persianas da casa estavam fechadas. Atravessamos um corredor. A caseira abriu uma porta. Aquele quarto era maior que o nosso e tinha duas camas com barras de latão, duas camas de adulto. Um papel azul-claro com desenhos cobria as paredes. A janela dava para a rue du Docteur-Dordaine. As persianas estavam abertas.

— Vocês vão ficar muito bem aqui, crianças — comentou Annie.

A caseira nos sorria. Ela nos disse:

— Amanhã cedo preparo o café da manhã para vocês.

Descemos a escada e a caseira nos mostrou o térreo. Na grande sala de estar de persianas fechadas, dois lustres de cristal cintilavam com todo seu brilho e nos ofuscavam. Os móveis estavam protegidos por capas transparentes. Exceto o piano.

Após o jantar, saímos com Annie. Usávamos nossos pijamas e nossos roupões. Uma noite de primavera. Era divertido sair de roupão, e descemos a avenida com Annie até a estalagem Robin des Bois. Gostaríamos de ter encontrado alguém para que nos vissem passeando de roupão na rua.

Tocamos a campainha da casa da frente e, de novo, a caseira a abriu e nos conduziu a nosso quarto. Deitamos nas camas de barras de latão. A caseira nos disse que dormia ao lado da sala de estar e que, se precisássemos de qualquer coisa, era só chamar.

— De qualquer maneira, estou pertinho, Patoche... — acrescentou Annie.

Ela nos deu um beijo na testa. Já havíamos escovado os dentes depois do jantar, em nosso quarto de verdade. A caseira fechou as persianas, apagou a luz e as duas foram embora.

Naquela primeira noite, conversamos por muito tempo, meu irmão e eu. Queríamos descer à sala de estar para contemplar os lustres, os móveis debaixo das capas e o piano, mas tínhamos medo de que a madeira da escada rangesse e a caseira nos repreendesse.

A manhã seguinte era uma quinta. Eu não tinha aula. A caseira trouxe nosso café da manhã em uma bandeja para o quarto. Nós lhe agradecemos.

O sobrinho de Frede não apareceu naquela quinta. Ficamos no jardim grande, diante da fachada da casa com suas portas de vidro e persianas fechadas. Havia um salgueiro--chorão e, lá no fundo, uma cerca de bambus através da qual víamos o terraço da estalagem Robin des Bois e as mesas nas quais os garçons arrumavam os talheres para o almoço. Ao meio-dia comemos sanduíches. Foram preparados pela caseira. Sentamos nas cadeiras do jardim com nossos sanduíches, como para um piquenique. À noite, o tempo estava bom, e jantamos no jardim. A caseira preparou de novo sanduíches de presunto e queijo. Duas tortas de maçã de sobremesa. E Coca-Cola.

Annie veio depois do jantar. Tínhamos colocado nossos pijamas e nossos roupões.

Saímos com ela. Dessa vez, atravessamos a estrada, lá embaixo. Encontramos pessoas perto do jardim público e elas pareciam atônitas de nos ver de roupão. Quanto a Annie, ela usava sua velha jaqueta de couro e seu jeans. Passamos em frente à estação. Achei que fôssemos pegar o trem, com nossos roupões, para Paris.

Na volta, Annie nos beijou no jardim da casa branca e, a cada um de nós, deu uma harmônica.

Acordei no meio da noite. Ouvia o barulho de um motor. Levantei-me e fui olhar pela janela. A caseira não tinha fechado as persianas, havia apenas cerrado as cortinas vermelhas.

Do outro lado, a *bow-window* da sala de estar estava iluminada. O carro de Roger Vincent se encontrava estacionado diante da casa, a capota preta arriada. O 4CV de Annie também estava lá. Mas o barulho do motor vinha de um caminhão coberto por uma lona, parado do outro lado da rua, diante do muro do templo protestante. Desligaram o motor. Dois homens saíram do caminhão. Reconheci

Jean D. e Buck Danny, e os dois entraram na casa. Eu via um vulto passar vez por outra diante da *bow-window* da sala de estar. Eu estava com sono. Na manhã seguinte, a caseira nos acordou trazendo a bandeja com o café da manhã. Ela e meu irmão me acompanharam até a escola. Na rue du Docteur-Dordaine não vi mais o caminhão nem o carro de Roger Vincent. Porém o 4cv de Annie continuava lá, defronte da casa.

Na saída da escola, meu irmão me esperava, sozinho.

— Não tem mais ninguém na nossa casa.

Ele me contou que a caseira o havia levado para a casa pouco antes. O 4CV de Annie estava lá, mas não tinha ninguém. A caseira tinha precisado sair para fazer compras em Versalhes até o finalzinho da tarde e deixara meu irmão na casa lhe explicando que Annie voltaria em breve, pois seu carro estava lá. Meu irmão tinha esperado na casa vazia.

Ele ficou aliviado em me ver. Até ria, como alguém que sentiu medo mas já está totalmente tranquilizado.

— Eles foram a Paris — declarei. — Não se preocupe.

Seguimos a rue du Docteur-Dordaine. O 4CV de Annie estava lá.

Ninguém na sala de jantar ou na cozinha. Nem na sala de estar. No primeiro andar, o quarto de Annie estava vazio. O da pequena

Hélène também. O de Mathilde, no fundo do quintal, também. Entramos no quarto de Branca de Neve. Afinal de contas, talvez Branca de Neve tivesse voltado. Não. Era como se ninguém jamais tivesse habitado aqueles quartos. Pela janela do nosso, eu observava, lá embaixo, o 4CV de Annie.

O silêncio da casa nos assustava. Liguei o rádio e comemos duas maçãs e duas bananas que restavam na fruteira sobre o bufê. Abri a porta que dava para o jardim. O carrinho bate-bate continuava lá, no meio do pátio.

— Vamos esperar que voltem — eu disse a meu irmão.

O tempo passava. Os ponteiros do relógio da cozinha marcavam vinte para as duas. Era hora de ir para a escola. Mas eu não podia deixar meu irmão sozinho. Ficamos sentados, um de frente para o outro, à mesa de jantar. Ouvíamos rádio.

Saímos da casa. O 4CV de Annie continuava lá. Abri uma das portas e sentei-me no banco dianteiro, no meu lugar de costume. Remexi no porta-luvas e vasculhei o banco traseiro. Nada. Exceto um velho maço de cigarros vazio.

— Vamos passear até o castelo — propus a meu irmão.

Ventava. Seguimos a rue du Docteur-Dordaine. Meus colegas já haviam entrado na sala e o diretor tinha notado minha ausência. À medida que caminhávamos, o silêncio a nosso redor era cada vez mais profundo. Sob o sol, essa rua e todas essas casas pareciam abandonadas.

O vento agitava suavemente o capim alto da pradaria. Nunca tínhamos vindo os dois sozinhos aqui. As janelas tapadas do castelo me causavam a mesma inquietação que o começo da noite, de volta de nossos passeios na floresta com Branca de Neve. A fachada do castelo era escura e ameaçadora naqueles momentos. Como agora, em plena tarde.

Sentamos no banco, lá onde se sentavam Branca de Neve e a pequena Hélène enquanto escalávamos os galhos dos pinheiros. O silêncio ainda nos envolvia, e eu tentava tocar uma música na harmônica que Annie tinha me dado.

Na rue du Docteur-Dordaine, vimos de longe um carro preto estacionado em frente à casa. Um homem ao volante, sua perna ultrapassava a porta aberta e ele lia um jornal. Diante da porta da casa, um gendarme parado, muito empertigado, a cabeça sem chapéu. Era jovem, cabelos louros curtos, e seus grandes olhos azuis fitavam o vazio.

Sobressaltou-se e nos observou, a meu irmão e a mim, com os olhos arregalados.

— O que vocês estão fazendo aí?

— Essa é minha casa — respondi a ele. — Aconteceu alguma coisa?

— Uma coisa muito grave.

Tive medo. Mas ele também, sua voz tremia um pouco. Uma caminhonete com um guindaste despontou na esquina da avenida. Gendarmes desceram e prenderam o 4CV de Annie no guindaste. Depois, a caminhonete acelerou arrastando lentamente atrás de si

o 4cv de Annie ao longo da rue du Docteur-
-Dordaine. Isso foi o que mais me incomodou
e o que mais me fez sofrer.

— É muito grave — disse ele. — Vocês não
podem entrar.

Mas nós entramos. Alguém falava ao telefone na sala de estar. Um homem moreno, de gabardine, estava sentado na beirada da mesa de jantar. Ele nos viu, a meu irmão e a mim. Veio em nossa direção.

— Ah... São vocês... as crianças?

Repetiu:

— Vocês são as crianças?

Ele nos levou à sala de estar. O homem ao telefone desligou. Era baixo, ombros muito largos e usava um casaco de couro preto. Ele disse, como o outro:

— Ah... São as crianças...

Falou ao homem de gabardine:

— É preciso levá-las ao comissariado de Versalhes... Ninguém atende em Paris...

Uma coisa muito grave, tinha dito o gendarme de grandes olhos azuis. Eu me lembrava da folha de jornal que a pequena Hélène guardava na carteira: A TRAPEZISTA HÉLÈNE

TOCH É VÍTIMA DE UM GRAVE ACIDENTE. Eu permanecia atrás dela para observá-la andar. A pequena Hélène nem sempre havia mancado assim.

— Onde estão os pais de vocês? — perguntou-me o moreno de gabardine.

Eu procurava uma resposta. Era complicado demais explicar. Annie me dissera isso no dia em que tínhamos ido juntos ao escritório da diretora do instituto Jeanne-d'Arc e ela tinha fingido ser minha mãe.

— Você não sabe onde estão seus pais?

Minha mãe representava sua peça de teatro em algum lugar do norte da África. Meu pai estava em Brazzaville ou em Bangui, ou mais longe ainda. Era complicado demais.

— Eles morreram — respondi.

Ele se sobressaltou. Franzia o cenho enquanto me olhava. Seria possível dizer que de repente sentia medo de mim. O homem baixo de casaco de couro também me fitava com uma expressão inquieta, boquiaberto. Dois gendarmes entraram na sala de estar.

— Continuamos a revistar a casa? — perguntou um deles ao moreno de gabardine.

— Sim... Sim... Continuem...

Eles foram embora. O moreno de gabardine se inclinou para nós.

— Vão brincar no jardim — disse com uma voz muito doce. — Daqui a pouco falo com vocês.

Ele nos pegou pela mão e nos levou para fora. O carrinho bate-bate verde continuava lá. O homem estendeu o braço em direção ao jardim.

— Vão brincar... Até daqui a pouco...

E entrou na casa.

Subimos pela escadaria de pedra até o primeiro nível do jardim, lá onde o túmulo do doutor Guillotin ficava escondido sob as clematites e onde Mathilde havia plantado uma roseira. A janela do quarto de Annie estava escancarada, e, como nos encontrávamos na altura da janela, eu os via revistando tudo no quarto dela.

Embaixo, o homem pequeno de casaco de couro preto atravessava o quintal, uma lanterna na mão. Curvava-se por cima da borda do poço, afastava a madressilva e tentava enxergar algo no fundo com sua lanterna. Os outros continuavam a revistar o quarto de Annie. Outros mais chegavam, gendarmes e homens usando roupas comuns. Revistavam tudo, até o interior de nosso carrinho bate-bate, andavam pelo quintal, apareciam nas janelas da casa, falavam ao mesmo tempo, muito alto. E nós, meu irmão e eu, fingíamos brincar no jardim, esperando que alguém viesse nos buscar.

Este livro foi composto na tipologia Versailles,
em corpo 11/18, e impresso em
papel off-white no Sistema Cameron da
Divisão Gráfica da Distribuidora Record.